Colin C. Tipping
Vom Herzenswunsch zur Realität

Alle Ratschläge in diesem Buch wurden vom Autor und vom Verlag sorgfältig erwogen und geprüft. Eine Garantie kann dennoch nicht übernommen werden. Eine Haftung des Autors beziehungsweise des Verlags und seiner Beauftragten für Personen-, Sach- und Vermögensschäden ist daher ausgeschlossen.

Penguin Random House Verlagsgruppe FSC® N001967

1. Auflage
Deutsche Ausgabe Januar 2024

Umschlag: Shivananda Heinz Ackermann
Layout/Satz: Wilfried Klei, Bielefeld
Druck und Bindung: GGP Media GmbH, Pößneck
Printed in Germany
ISBN 978-3-442-14057-2

www.goldmann-verlag.de

Colin C. Tipping

Vom Herzenswunsch zur Realität

Mit spiritueller Intelligenz Träume erfüllen

Aus dem Englischen von Katja Dienemann

GOLDMANN

Illustrationen und Tabellen

Meiner Frau JoAnn gewidmet,

die mir mit ihrer Liebe

unermessliche Kraft gibt.

Einleitung

Gegenwärtig geschieht etwas sehr Interessantes. Plötzlich interessieren sich mehr und mehr Menschen dafür – und es wird zunehmend mehr Menschen bewusst: Wir sind dem Leben möglicherweise nicht einfach ausgeliefert. Wir können es vielmehr aktiv mit Hilfe unseres Bewusstseins gestalten. Es gibt eine Fülle an Literatur zu diesem Thema; die Auswahl an Büchern über schöpferische Manifestation, Wohlstand und Reichtum ist immens. Und unzählige Websites bieten an, mit entsprechenden Programmen unsere Fähigkeit zu steigern, das von uns Gewünschte in unserem Leben zu manifestieren.

Diesen Ansätzen liegt die Vorstellung zu Grunde, dass wir exakt jene Realität erschaffen können, die wir uns wünschen – sofern wir nur das Gesetz der Anziehung verstehen und anwenden. Alles spricht dafür, dass diese Annahme berechtigt und jeder Einzelne von uns fähig ist, seine Realität seinen Wünschen entsprechend zu manifestieren.

Früher galten Vorstellungen wie diese als eine reine Frage des Glaubens und wurden als „New-Age-Träumerei" abgetan. Doch seit die Quantenphysik und andere wissenschaftliche Disziplinen dieser Annahme zu Glaubwürdigkeit verholfen haben und sie zumindest theoretisch untermauern, wird immerhin darüber nachgedacht.

Indes sind nicht nur jene Menschen skeptisch, die prinzipiell nichts von der Vorstellung halten, wir könnten unsere Realität durch unsere Gedanken und Überzeugungen erschaffen. Skeptisch sind auch diejenigen von uns, die sich diese Vorstellung gern zu eigen machen würden. Denn allzu häufig machen wir die gegenteiligen Erfahrungen: Oft bemühen wir uns vergeblich, etwas Bestimmtes in unserem Leben zu erreichen. Daraus resultieren Frustration und das Gefühl des Versagens – was dann verständlicherweise zu einer skeptischen Haltung führt. Dieses Problem hat zwei Ursachen.

Zum einen ist unsere Schwingung vermutlich nicht hoch genug, um das Gesetz der Anziehung gezielt zur Verwirklichung jener Wünsche einsetzen zu können, die uns bewusst sind. Vielmehr ziehen wir dann das an, was unser Unterbewusstsein wünscht. Dies steht zwangsläufig im Widerspruch zu unseren bewussten Wünschen.

(**Hinweis**: Wenn Sie hingegen das von Ihrer Seele zur Verfügung gestellt bekommen, was diese für Heilung und Wachstum braucht, handelt es sich um einen Vorgang mit hoher Schwingung, der vom göttlichen Geist und nicht vom Ego gesteuert wird.)

Wir bekommen also nicht, was wir uns wünschen, da unser Unterbewusstsein es mit niedrig schwingender Energie blockiert. Diese Energie kann als negative Grundüberzeugung, Angst, Schuldgefühl, Wut, Groll oder in anderen Formen negativer Energie vorliegen.

Die zweite Ursache hat mit Vertrauen zu tun: Wir müssten darauf vertrauen, alles zu bekommen, was wir brauchen, sofern wir die Dinge dem göttlichen Geist anvertrauen. Dazu sind wir jedoch noch nicht in der Lage, da sich unser Bewusstsein noch nicht genügend geändert hat. Die Bereitschaft zu vertrauen und sich hinzugeben ist daher ein entscheidender Aspekt des Manifestationsprozesses.

Wir verschlingen die weisen Worte in den Büchern, die wir lesen, wir wiederholen Affirmationen und wir nicken bewundernd und zustimmend, wenn wir Wayne Dyer und Deepak Chopra lauschen.

Wir meditieren, befragen die Sterne, gestalten unser Zuhause und unser Büro nach Feng-Shui-Regeln – und verhalten uns im Alltag trotzdem wie gehabt: Wir versuchen, die Dinge zu erzwingen. Wir planen, kontrollieren, arbeiten und mühen uns ab. Und wir scheinen – nicht weiter überraschend – keineswegs das zu manifestieren, was wir uns wünschen.

Wir leben in der Tat in einer spannenden Zeit. Doch eines muss uns klar werden: Wir stehen zwischen zwei Paradigmen. Einerseits leben wir noch im alten Paradigma, das vom Glauben an Mangel und Beschränkung bestimmt ist. Andererseits versuchen wir gleichzeitig, mit dem neuen Paradigma zu arbeiten. Dieses neue Paradigma geht von der revolutionären Vorstellung aus, dass es keinerlei Mangel gibt, sondern dass vielmehr das Universum ein Ort unendlicher Fülle ist und wir aus dem Feld der unendlichen Möglichkeiten all das anziehen können, was wir uns wünschen.

Wir sollten nachsichtig mit uns selbst sein und begreifen, dass wir Werkzeuge brauchen, damit uns der Spagat zwischen den beiden Paradigmen gelingt. Wir benötigen Werkzeuge, die ernst nehmen und akzeptieren, dass wir noch nicht vollends an die neue Realität glauben und uns ihrer noch nicht gewiss sind. Gleichzeitig sollen uns diese Werkzeuge in der Anwendung der schöpferischen Manifestation unterstützen, damit wir auf diesem Weg regelmäßig Erfolgserlebnisse haben. Ohne eine Technik, die uns dabei hilft, sind wir zum Scheitern verurteilt. Worte auf einem Blatt Papier oder auf einer CD reichen allein nicht aus. Wir sind dem alten Paradigma noch zu sehr verhaftet.

Es gibt bereits bewährte Werkzeuge für *Radikale Manifestation*, die diese Kriterien erfüllen. Sie beruhen auf derselben wirkungsvollen Methode wie die der *Radikalen Vergebung*, welche in den letzten zwanzig Jahren Millionen von Menschen geholfen hat. Ich war schon immer der Auffassung, dass spirituelles Wachstum Übungen und Instrumentarien braucht, die uns Transformation insbesondere auf energetischer und weniger auf intellektueller

Ebene erfahren lassen. Entscheidend ist: Diese Werkzeuge müssen uns körperlich, emotional und spirituell berühren.

Oberflächlich betrachtet, handelt es sich bei den Werkzeugen der *Radikalen Vergebung* und der *Radikalen Manifestation* schlicht um Arbeitsblätter und CDs. Doch wir haben es hier mit energetischen Werkzeugen zu tun, die uns mit unserer spirituellen Intelligenz in Kontakt bringen – also mit jenem Teil von uns, der weiß, wie wir uns mit dem „Feld des universellen Bewusstseins und der unendlichen Möglichkeiten" verbinden können. Wenn uns diese Verbindung gelingt und unser Verstand uns nicht im Weg steht, dann kann Manifestation gelingen.

Nachdem ich nun einen der Aspekte beschrieben habe, die diesen Ansatz einzigartig machen, möchte ich auf einen weiteren wesentlichen Faktor zu sprechen kommen: Ich arbeite seit nunmehr etwa 20 Jahren mit *Radikaler Vergebung* und habe entsprechende Werkzeuge entwickelt. Dementsprechend steht uns heute eine bewährte Methode zur Verfügung, mit der wir unsere Schwingung so anheben können, dass wir ohne weiteres zur Manifestation unserer eigenen Realität fähig werden.

Ich erwähnte es bereits: Wir bleiben in einer niedrigen Schwingung und blockieren unsere Selbstermächtigung, wenn wir anderen die Schuld zuweisen und in Gefühlen wie Groll, Angst, Schuld, Scham und Wut und allgemein im Opferdasein verhaftet sind. Mit Hilfe von *Radikaler Vergebung* können wir all diese Negativität in kürzester Zeit loslassen. Dadurch wird unsere Energie wieder auf die Gegenwart ausgerichtet und unsere Schwingung erhöht sich.

Die Kombination von *Radikaler Vergebung* (die Vergangenheit heilen und eine Möglichkeit finden, mit der Gegenwart im Frieden zu sein) und *Radikaler Manifestation* (die Zukunft erschaffen) ist überaus machtvoll. Sie ist machtvoll, weil sie eine praktische, realistische und einfache Möglichkeit darstellt, alles zu manifestieren, was Sie sich wünschen.

Anmerkung des Autors: Im Anhang finden Sie zwei Arbeitsblätter zur Radikalen Manifestation und das Arbeitsblatt „Dem Wunder Raum geben" der Radikalen Vergebung.

Alle Arbeitsblätter der Tipping-Methode zum kostenlosen Download, weiterführende Informationen, Videos, Veranstaltungstermine und Tipping-Coaches zur persönlichen Unterstützung finden Sie auf der deutschsprachigen Website der Tipping-Methode: *www.tipping-methode.de*

TEIL I

Die Transformation des Bewusstseins

1: Selbstermächtigung als Transformation

Herkömmliche Selbstermächtigung verhilft Ihnen zu mehr Stärke und Leistungsfähigkeit: Sie werden effizienter, durchsetzungsfähiger, motivierter, geschickter, wettbewerbsfähiger. Sie werden Wert auf umfassende Bildung und Ausbildung und die Entwicklung Ihrer Fähigkeiten legen. Sie werden strategischer, smarter, konzentrieren sich auf das Wesentliche, setzen Zeit, Geld und Ressourcen gezielter ein. All dies ist sinnvoll, um im materiellen Sinn leistungsfähiger und in der äußeren Welt „erfolgreicher" zu werden.

Bei *Radikaler Selbstermächtigung* geht es um etwas völlig anderes. Hier findet eine innere Transformation statt. Sie stellen Ihr gesamtes Weltbild auf den Kopf – Ihr gegenwärtiges Glaubenssystem, Ihre Werte und Vorannahmen zählen nicht mehr. *Radikale Selbstermächtigung* findet auf der tiefsten Ebene Ihres Seins statt und befähigt Sie, alles zu manifestieren, was Sie sich wünschen. ***Radikale Selbstermächtigung* führt demnach zu *Radikaler Manifestation*.**

Selbstermächtigung im Sinne einer Transformation bedeutet auch: Eine völlig andere Perspektive auf die Realität – ein völlig anderes Paradigma. Dank dieses neuen Weltbildes können Sie dann uneingeschränkt jene Stärke und Kraft leben, über die Sie als spirituelles Wesen – das eine spirituelle Erfahrung in einer menschlichen Welt und einem physischen Körper macht – verfügen.

Dann handeln Sie auf einer höheren Ebene. In einer Welt, die von Ursache und Wirkung regiert wird, sind Sie nicht mehr länger die Wirkung – das Resultat – sondern stets die Ursache. Bei *Radikaler Selbstermächtigung* erkennen Sie die unendliche Fülle des Universums, in dem Sie leben. In diesem Universum gibt es keine Trennung, sondern nur Liebe; mit seiner Hilfe können Sie Ihre Welt bewusst so gestalten, wie Sie sie sich das wünschen.

Bei *Radikaler Selbstermächtigung* geht es darum, bereit zu sein, wirklich loszulassen und sich auf die Quelle allen Seins, die jeder von uns in sich trägt, einzuschwingen. Aus dieser Quelle schöpfen wir unsere wahre Stärke und die Fähigkeit, Realität zu manifestieren. Bei *Radikaler Manifestation* geht es darum, die uns innewohnende spirituelle Intelligenz einzusetzen – den Teil von uns, der stets weiß, was unsere Seele braucht und hervorbringen kann. Unsere spirituelle Intelligenz agiert auf einer höheren Ebene als unsere intellektuelle oder unsere emotionale Intelligenz. Sie weiß, wie sie sich mit der universellen Intelligenz verbinden kann und ist angebunden an die Fülle – den natürlichen Zustand des Universums.

Bereitschaft

Wie gerade erwähnt, geht es darum, „bereit" zu sein loszulassen und sich auf die Quelle einzuschwingen. Dies ist die einzige Bedingung. Wir müssen ***bereit*** sein, auf einer höheren Ebene zu handeln und aus dem neuen Paradigma heraus zu leben. Wir müssen dies noch nicht zu einhundert Prozent umgesetzt haben. Entscheidend ist, dass wir *bereit* sind, zu vertrauen und uns hinzugeben, *bereit* sind, unsere Anhaftung an alte Glaubenssätze zu lösen, *bereit* sind, zu vergeben usw. – und uns selbst dann zu lieben, wenn wir dem nicht gerecht werden.

Der Schlüssel für unsere spirituelle Entwicklung

Bereitschaft ist der Schlüssel für *Radikale Selbstermächtigung*. Bestimmte Ereignisse, Erfahrungen können der Anstoß für unsere Transformation sein oder sie können diese an bestimmten Punkten beschleunigen. Jedoch haben wir es in den seltensten Fällen mit einer Erfahrung zu tun, die von einem Augenblick zum anderen eintritt. Bei echter Transformation handelt es sich vielmehr um einen Entwicklungsprozess, in dem wir unsere Werte, Überzeugungen, Vorannahmen und Verhaltensweisen permanent neu justieren – auf der Grundlage der Rückmeldungen, die wir von der äußeren Welt und aus unserem Innern erhalten.

Unsere Bereitschaft, diese Rückmeldungen wahrzunehmen und darauf zu reagieren, ist ausschlaggebend dafür, wie schnell und einfach die Transformation bei uns abläuft. Sind wir bereit, nicht mehr Recht haben zu müssen, dann können wir künftig diese evolutionären Sprünge in unserem Bewusstsein, unserer Denk- und Seinsweise machen. Es ist einzig und allein unser Widerstand dagegen, vorhandene Überzeugungen, Vorannahmen und Verhaltensweisen loszulassen, der den Prozess verlangsamt und zu einem Kampf werden lässt.

Es darf einfach sein

Wenn Sie sich uneingeschränkt zu persönlicher Entwicklung und spirituellem Wachstum verpflichtet haben, werden Ihnen dieses Buch und die ergänzenden Arbeitsmaterialien* die Transformation erleichtern. Diese „Werkzeuge“ (z.B. Arbeitsblätter, CDs, weiterführende Literatur) werden Ihnen die Steine aus dem Weg räumen, Ihre Angst verringern, den Widerstand minimieren und dem Kampf zuvorkommen. Seien Sie versichert: *Radikale Manifestation* KANN einfach sein, wenn Sie erst einmal bereit

---

* Siehe Anhang und www.weltinnenraum.de sowie www.tipping-methode.de

sind, das neue Paradigma zu akzeptieren. Sie werden überrascht sein, wie klar die Dinge wie Geld, Erfolg, Beziehungen, Karriere, Ziele usw. plötzlich sind, die mit dem derzeitigen Paradigma zusammenhängen.

2: Mangel manifestieren

Das Weltbild, welches gegenwärtig die meisten Menschen haben, lässt sich mit *Radikaler Manifestation* nicht vereinbaren. Die vorherrschenden Überzeugungen, Annahmen und Werte zielen in eine völlig andere Richtung.

Einer fundamentalen Annahme des derzeitigen Paradigmas zufolge ist Mangel unvermeidbar; Mangel gehört in diesem Weltbild schlicht zum Leben dazu. Diesem Glauben an Mangel haben wir dermaßen viel Macht zugebilligt, dass daraus vielfach exakt diese Realität erwuchs – die dazu noch teils entsetzliche Formen annahm. Die große Mehrheit der Weltbevölkerung leidet unter drückender Armut; so schlägt sich der Glaube an Mangel in den meisten Regionen der Welt als Realität nieder.

Am anderen Ende der Skala werden Mangel und Knappheit bewusst erzeugt, um gezielt den Wert bestimmter Produkte zu steigern. Diamanten sind beispielsweise außerordentlich teuer. Das liegt aber nicht daran, dass sie knapp sind; sie werden vielmehr dem Markt bewusst vorenthalten, um die Illusion von Knappheit und Seltenheit zu erzeugen. Knappheit und Wert stehen in direktem Zusammenhang und Knappheit wird erzeugt, um den wahrgenommenen Wert von etwas zu steigern. Unser gesamtes Wirtschaftssystem baut auf der Vorstellung von Mangel auf. Erwarten Sie nicht, dass Armut bald ausgerottet ist – dazu ist Armut viel zu gewinnbringend.

Mangel auf allen Ebenen

Selbst wenn wir nicht zu den Ärmsten der Armen gehören, gibt es kaum jemanden unter uns, der nicht in der einen oder anderen Form mit Mangel zurechtzukommen hat und dies für eine seiner größten Herausforderungen hält. Selbst die Superreichen streben nach mehr und leiden unter der Angst, ihren Besitz zu verlieren.

Unser Verstand untermauert mit den verschiedensten Argumenten unsere Überzeugung, Mangel sei etwas sehr Reales. Außerdem machen wir schließlich täglich entsprechende Erfahrungen und überdies rechtfertigen wir das meiste, was wir mit unserem Leben anstellen, mit Mangel. Daher ist es eher unwahrscheinlich, dass wir die Vorstellung, Mangel gehöre zum Leben dazu, einfach so aufgeben.

Ich vermute sogar, dass Ihre Vorstellung von *Radikaler Manifestation* momentan exakt in diese Richtung geht: Mehr von dem zu bekommen, was Ihnen gegenwärtig knapp erscheint. Warum auch nicht? Es scheint auf der Hand zu liegen. Doch diese Vorstellung gründet lediglich in unseren eigenen Überzeugungen.

Solche Überzeugungen unterbinden und blockieren äußerst wirksam unsere Fähigkeit zur Manifestation. Das bedeutet, wir haben vor allem einen tief greifenden Paradigmenwechsel zu durchlaufen, damit Transformation und *Radikale Selbstermächtigung* uneingeschränkt möglich sind. Was ist mit „Paradigmenwechsel" gemeint? Und welche alternativen Annahmen, Überzeugungen, Vorstellungen, Werte und Verhaltensweisen vermögen unsere Transformation zu unterstützen?

3: Paradigmenwechsel

Ein Paradigmenwechsel ist ein nicht zu unterschätzender längerfristiger Prozess, der sich auf unser Wissen, unsere Auffassungsgabe, unser Verhalten und unsere Gewohnheiten erstreckt. Unsere gesamte kognitive Landkarte wird tief greifend umstrukturiert.

Sie lesen dieses Buch – und Sie werden sich vermutlich auch mit anderen Büchern befasst haben, die eher mit dem neuen Paradigma, das wir gleich besprechen werden, in Einklang stehen. Deshalb gehe ich davon aus, dass der Prozess des Paradigmenwechsels bei Ihnen wahrscheinlich bereits eingesetzt hat – möglicherweise schon vor einigen Jahren. Sie können die Transformation jedoch drastisch beschleunigen, wenn Sie die Ratschläge in diesem Buch befolgen und die entsprechenden Übungen durchführen.

Wechsel des medizinischen Paradigmas

Um das Wesen dieses Paradigmenwechsel zu veranschaulichen, möchte ich ein Beispiel heranziehen, das den meisten Menschen bekannt ist und mit dem Sie eventuell schon eigene Erfahrungen gemacht haben. Ich spreche von der Tatsache, dass sich die Welt der Medizin gegenwärtig vom herrschenden Paradigma der abendländischen allopathischen Medizin ab- und vorsichtig einem neuen Paradigma zuwendet. Dieses neue Paradigma beruht auf Energiemedizin.

In den vergangenen 400 Jahren stellte die allopathische Medizin die dominierende Form der abendländischen Medizin dar. Und noch heute akzeptiert die Mehrheit der Menschen sämtliche fundamentalen Prämissen dieser Medizinform und hält sie für die offensichtlich „richtige" Art und Weise, Medizin zu praktizieren.

In den letzten 30 Jahren wurde dieses Paradigma allerdings zunehmend in Frage gestellt, und es war eine spürbare Verschiebung in Richtung Energiemedizin zu verzeichnen. Vorangetrieben wurde dieser Wandel in erster Linie durch die Verbraucher, während die Ärzteschaft das alte Paradigma zäh verteidigte. Da große Bevölkerungsteile inzwischen allerdings viel Geld für verschiedene Spielarten von Energiemedizin – wie Akupunktur, Homöopathie, Kräuterkunde, Chiropraktik usw. – ausgeben, sieht sich die Schulmedizin praktisch gezwungen, von diesem Prozess Notiz zu nehmen.

Die traditionelle Schulmedizin und die Energiemedizin beruhen auf völlig unterschiedlichen Prämissen. Die allopathische Schulmedizin ist in der Welt der Naturwissenschaften beheimatet. Hier wird in erster Linie auf Medikamente und / oder Operationen zurückgegriffen. In der Energiemedizin arbeitet man mit den feinstofflichen Körpern, die von der allopathischen Medizin schlicht nicht wahrgenommen werden. Der Fokus liegt hier nicht auf Eingriffen, sondern auf der Aktivierung der Selbstheilungskräfte des Körpers.

Vermutlich können Energiemedizin und allopathische Schulmedizin in einer Art prekärer Beziehung Seite an Seite koexistieren. Wenn uns dies gelingt, dann können wir vom Besten aus beiden Welten profitieren.

Wie ein Paradigmenwechsel vonstattengeht

Der Soziologe Thomas Kuhn beschreibt drei Stadien der Geburt eines neuen Paradigmas:

Stadium 1

Dem neuen Paradigma wird erbitterter Widerstand entgegengebracht und seine Vertreter werden lächerlich gemacht.

Stadium 2

Man versucht, das neue Paradigma zu erklären, indem man sich auf das alte Paradigma bezieht und dessen Sprache und Konzepte verwendet.

Stadium 3

Das neue Paradigma wird als völlig selbstverständlich akzeptiert.

Sofern Sie auch nur ansatzweise damit vertraut sind, wie es um diese beiden Schulen der Medizin steht, sagen Sie sich jetzt vermutlich, dass wir gerade erst Kuhns erstes Stadium verlassen. Und selbst das ist nur der Fall, weil die Bevölkerung mit dem Geldbeutel abgestimmt und sich scharenweise der alternativen Energiemedizin (Akupunktur, Homöopathie, Chiropraktik, Reiki, Healing Touch und Ähnliches) zugewandt hat.

Am Wesentlichen vorbei

Das medizinische Establishment sah sich folglich praktisch gezwungen, über Energiemedizin zu sprechen. Doch dies geschieht gegenwärtig noch immer in der Sprache der Schulmedizin. Wie zu erwarten, wird das Wesentliche der Energiemedizin dabei nicht im Geringsten vermittelt.

Ein gutes Beispiel dafür ist die Tatsache, dass Ärzte Meditation als „Entspannungstechnik" bezeichnen. Sie begreifen einfach nicht, dass man nicht nur meditiert, um sich zu entspannen, sondern um empfänglich für jene leise innere Stimme zu werden, die einen mit der Quelle seines Seins verbindet. Dass sich der Körper während der Meditation entspannt, ist hilfreich – freilich nicht der Zweck der Übung.

Die Medien hinken hinterher

Ein Blick in die Nachrichtenmagazine im Fernsehen macht es deutlich: Nach wie vor werden die Vertreter der Energiemedizin in den Medien und im Großen und Ganzen auch von der Ärzteschaft selbst ins Lächerliche gezogen. Das wird damit begründet, dass sie (die Energiemedizin) wissenschaftlich „nicht erwiesen" und daher nicht validiert sei. Niemand verliert ein Wort darüber, dass mindestens 40 Prozent der medizinischen Standardpraxis nie wissenschaftlich validiert wurden – wobei der effektiv zutreffende Prozentsatz vermutlich wesentlich höher liegt. Es gibt vieles, was nicht in Doppelblind-Studien geprüft werden kann, unter anderem chirurgische Eingriffe. In solchen Fällen prüft man stattdessen, ob die Methode zu wirken scheint oder nicht. Und exakt diese Art der Prüfung wird auch bei der Energiemedizin eingesetzt. Merkwürdigerweise ist dieses Prüfverfahren für die allopathische Medizin in Ordnung, für die Energiemedizin hingegen nicht. Immerhin stellt die Akupunktur ihre Wirksamkeit seit 5.000 Jahren unter Beweis und die Homöopathie seit 7.000 Jahren.

Des Weiteren werden in diesem Zusammenhang gerne Sicherheitsbedenken angeführt. Die Energiemedizin sei nicht von der amerikanischen Nahrungs- und Arzneimittelbehörde geprüft und für sicher befunden worden. Selten erwähnt wird allerdings in diesem Zusammenhang, dass – wie die Vertreter der Britischen Ärztevereinigung selbst zugeben – jährlich über 150.000 Personen an ärztlichen Kunstfehlern sterben. Wahrscheinlich ist die Dunkelziffer noch deutlich höher, aber es ist interessant, dass die Zahl von 150.000 niemanden schockiert. Würde auch nur eine Person an Akupunktur sterben, würde das Schlagzeilen machen und im amerikanischen Kongress käme es zum Antrag, Akupunktur zu verbieten.

Eine Frage des Standpunkts

Offensichtlich hat nichts von alldem mit Logik oder auch nur mit gesundem Menschenverstand zu tun. Es geht hier nicht um Fakten oder um Wissenschaft. Die Frage ist lediglich, ob sich Ihr Bewusstsein in Stadium eins, zwei oder drei befindet. Es geht um Ihren Standpunkt bzw. darum, welche Position Sie zur Verteidigung des Modells vertreten, das Sie – in diesem Fall – im Hinblick auf Medizin allgemein im Kopf haben. Dies sind die Dinge, die den Charakter der Debatte bestimmen – nicht etwa Wissenschaft, Logik oder Ausbildung. Faktisch sieht es so aus, dass die Öffentlichkeit den Medien und der Ärzteschaft im Hinblick auf die Energiemedizin weit voraus zu sein scheint. Sie hat Energiemedizin ausprobiert, und diese Form der Medizin scheint zu wirken. Also lässt man sich erneut damit behandeln. So einfach ist das.

Investition in das alte Paradigma

Die Öffentlichkeit ist den beiden Paradigmen nur so weit verbunden, wie sie diese als förderlich für die eigene Gesundheit erlebt. Nur darum geht es ihr. Ärzte hingegen haben viel Zeit und Geld in ihre Aus- und Fortbildung, in ihre Praxis etc. investiert. Daher werden sie die Letzten sein, die das neue Paradigma akzeptieren. Das ist bei allen Formen der „herkömmlichen Weisheit" dasselbe. Bedenken Sie nur einmal, was mit Galilei geschah, als er die Vorstellung in Frage stellte, die Erde sei der Mittelpunkt des Weltalls!

In den nächsten beiden Kapiteln werden wir uns damit befassen, an welchem Punkt wir in diesem Prozess des Paradigmenwechsels stehen. Wie verhaftet sind wir noch dem alten Paradigma, in dem das Leben mit Newtonscher Physik, mit Darwinismus, mit Dualität, Trennung und Beschränkung erklärt wird? Wie nahe sind wir bereits dem neuen Paradigma, das auf Quantenphysik beruht und dem zufolge wir von einem einheitlichen Feld, von Einheit und unendlicher Fülle ausgehen können? Wahrscheinlich werden wir erkennen, dass wir uns in etwa demselben Stadium befinden wie beim – oben beschriebenen – medizinischen Paradigmenwechsel. Und vielleicht haben wir es hier mit verschiedenen Seiten derselben Medaille zu tun.

4: Descartes und Darwin

Jeder von uns hat ein hoch entwickeltes Modell von der Welt und von seinem Platz in dieser Welt im Kopf. Wir bezeichnen das als unser „Weltbild“. Eine anderer Ausdruck dafür ist „Kosmologie“. Dieses Modell ist nicht kulturübergreifend, vielmehr gibt es – teils grundlegende – Unterschiede zwischen den Kulturen. In dem Ausmaß, in dem alle Angehörigen einer bestimmten Kultur ein relativ stabiles Weltbild gemein haben, hat dieses Weltbild den Charakter eines Paradigmas. Es ist eine paradigmatische Sicht auf die Welt – darauf, wie sie funktioniert und wie das Leben an sich vonstattengeht. Und für alle, die dieses Weltbild teilen, versteht es sich von selbst, dass dieses Weltbild das einzig richtige ist – bis der Paradigmenwechsel einsetzt.

Lassen Sie uns also zunächst jenes Paradigma beleuchten, das in den letzten 400 Jahren unsere abendländischen Werte, Überzeugungen, Vorannahmen und Verhaltensweisen bestimmt hat. Anschließend werden wir einen Blick auf die Merkmale des langsam auftauchenden, neuen Paradigmas werfen – jenes Paradigmas, das uns ein Dasein als selbstverwirklichte spirituelle Wesen ermöglichen wird, die in menschlicher Gestalt spirituelle Erfahrungen machen.

René Descartes (1596 – 1650)

Durch alle Zeiten haben sich die Philosophen mit dem Sinn des Lebens und dem Wesen der Welt beschäftigt. Der französische Philosoph und Naturwissenschaftler René Descartes ist der

Hauptverantwortliche für unser heutiges wissenschaftliches / rationales Paradigma. Er ist für sein Diktum „*Cogito ergo sum*" („Ich denke, also bin ich") berühmt. Descartes war davon überzeugt, alles in der Natur könne und solle durch die Wissenschaft und die Mathematik erklärt werden. Der menschliche Körper sei eine komplexe Maschine, die man schlicht in ihre Einzelteile – Moleküle, Atome und andere messbare Elemente – zerlegen könne.

Diese Auffassung führte zu einer äußerst mechanistischen und reduktionistischen Einschätzung der Realität. Was nicht gemessen oder sonstwie objektiv quantifiziert werden konnte, galt als zweifelhaft und wurde nicht für würdig befunden, überhaupt in die Überlegungen einbezogen zu werden. Körper und Geist wurden als zwei fundamental unterschiedliche Substanzen betrachtet.

Sir Isaac Newton (1642 – 1727)

Die Newtonsche Physik stützte diese mechanistische Auffassung, denn ihr zufolge funktioniert die materielle Welt nach dem Kausalitätsprinzip von Ursache und Wirkung usw. Newtons Theorien dominierten bis Anfang des 20. Jahrhunderts die Naturwissenschaften; dann wurden sie durch die Quantenphysik zu Gunsten der quantenmechanischen Theorie ‚gekippt'. Im Alltag allerdings ist die Newtonsche Physik auch heute noch anwendbar und nach wie vor relevant – freilich wird uns gegenwärtig bewusst: Sie ist bei weitem nicht alles.

Charles Darwin (1809 – 1882)

Die andere Person, die unser derzeitiges Paradigma maßgeblich geprägt hat, ist Charles Darwin. Seiner Evolutionstheorie zufolge geschieht Entwicklung durch einen Prozess von Zufall und selektiver Mutation auf der Grundlage von natürlicher Auslese und dem Überleben des Passendsten („Survival of the Fittest").

Leben ist Zufall

Diese revolutionäre Vorstellung ergab – in Kombination mit den neuen mechanistischen und reduktionistischen Theorien von Descartes und Newton – das Modell dafür, wie wir unser eigenes Leben begreifen sollten – als nichts weiter als eine Reihe zufälliger, zusammenhangloser Ereignisse. Die Dinge ereignen sich rein zufällig oder eben als Element in einer direkten Ursache-Wirkungs-Kette – weiter steckt nichts dahinter. Das Leben passiert einfach. Als Sinn und Zweck gilt lediglich das Überleben. Man macht das Beste aus dem, was man hat, pflanzt sich fort, um das eigene Geschlecht zu erhalten, und stirbt dann zum gegebenen Zeitpunkt. Der Fokus liegt auf dem Außen – auf der äußeren Welt, insbesondere auf unserem physischen Körper, dem es gut gehen soll – und auf der Befriedigung von Bedürfnissen.

Ursache und Wirkung

Unter dem Einfluss dieses – vorherrschenden – Paradigmas gehen wir davon aus, dass die objektive Welt dort draußen unabhängig von uns existiert und unser Bewusstsein dafür ohne Belang ist. Es ist eine Welt, die von Ursache und Wirkung regiert wird – und wir sind stets die Wirkung, niemals die Ursache. Unser Bewusstsein besteht im Prinzip einfach aus Milliarden von Nervenzellen im Gehirn, die Millisekunde für Millisekunde feuern. Unsere Körper sind vor allem elegante Maschinen, die aus Atomen, Molekülen und chemischen Verbindungen bestehen. Das alles ist relativ unpersönlich, indifferent und bedeutungslos. Auf den Punkt gebracht: „Das Leben ist hart, und dann stirbt man."

Haie

Darwins Theorie und seine Vorstellung vom Überleben des Passendsten hat die „Haifischbeckenphilosophie" und das Bejahen der Ellenbogengesellschaft hervorgebracht, in der ein von

Konkurrenzdenken geprägtes, diskriminierendes und gar grausames Verhalten gegenüber anderen Menschen als legitim gilt, als so genannter „Sozialdarwinismus“ gebilligt wird.

Von Angst bestimmtes System

Nachdem das Leben vermeintlich nach dem Kausalprinzip von Ursache und Wirkung funktioniert, glauben wir, unbedingt die Regie übernehmen zu müssen, um nicht von den Wechselfällen des Lebens gebeutelt zu werden. Anderenfalls fürchten wir, nicht zu überleben. Diese Konzeption mündet in ein System, das von Angst bestimmt ist. Wenn das Leben an sich gefühllos, gleichgültig und neutral ist, dann sind wir ganz auf uns gestellt. Also planen und organisieren wir, wir bilden uns, wir bauen auf, wir produzieren. Wir versuchen, alle Bereiche unseres Lebens und unser gesamtes Umfeld zu kontrollieren – in erster Linie, um möglichst viel materiellen Komfort und Sicherheit zu erlangen. Für das, was wir nicht kontrollieren können, schließen wir jede Menge Versicherungen ab und hoffen, dass nichts Unerwartetes passiert. Und wenn doch, sind wir am Boden zerstört und fühlen uns vollends als Opfer der Umstände.

Das derzeitige Paradigma beruht also auf einem tief verwurzelten Glauben an Trennung und Dualität und ist geprägt von Angst, Beurteilung, Schuldzuweisung und Schuldgefühlen. Das Ergebnis ist ein ständiger Konflikt. Selbst Gott wird als der urteilende Vater „dort oben“ begriffen – als ein Gott, der uns dafür bestraft, dass wir von ihm abgefallen und nicht gut sind.

5: Metaphysische Realität

Das neue Paradigma, auf das wir uns zubewegen, verdankt sich einer metaphysischen Perspektive, und der Unterschied zu jenem Paradigma, von dem wir uns fortbewegen, könnte kaum größer sein. Im Folgenden möchte ich die grundlegenden spirituellen Annahmen und Überzeugungen dieses Paradigmas beschreiben.

Einheit und Vernetzung

Im derzeitigen Paradigma werden Trennung, Unterschiede, Ungleichheit und hierarchische Modelle betont. Der Mensch steht über allem anderen und herrscht über die Natur. Im metaphysischen Paradigma hingegen wird exakt das Gegenteil vertreten. Hier gilt Einheit als das fundamentale Prinzip aller Existenz und Liebe als die basale vereinigende Kraft im Universum.

Auch wenn es zwischen den Dingen Unterschiede gibt – der bekannte Physiker David Bohm ist überzeugt, dass alles im Universum Teil eines einzigen Kontinuums ist. Unsere Tendenz, die Welt in Einzelteile zu zerlegen und die dynamische Verbundenheit aller Dinge zu ignorieren, ist seiner Auffassung nach die häufigste Ursache unserer Probleme. Das Leben ist eine ganzheitliche Erfahrung. Die Erkenntnis unseres Eins-Seins hat beträchtliche Auswirkungen darauf, wie wir die Dinge betrachten, einschließlich der Werte wie Gerechtigkeit, Gleichheit, Freiheit und Verantwortung. Außerdem beeinflusst es unseren Blick auf unsere Beziehung zum Tierreich und zum Planeten an sich.

Nur Liebe ist real

Es gibt nur eine einzige Energie im Universum, und das ist die Liebe. Wenn Emotionen wie Wut, Schuldgefühle, Angst oder Traurigkeit in uns hochkommen, handelt es sich dabei im Grunde genommen um Liebe, die durch die mit dem betreffenden Gefühl verbundenen Überzeugungen ein anderes Gesicht angenommen hat. Alles, was wir tun, ist entweder ein Ausdruck von Liebe oder ein Ruf nach Liebe.

Das Universum ist Vollkommenheit in Aktion

Das Universum ist der Inbegriff von Vollkommenheit: Alles funktioniert so, wie es soll, und alles erfüllt einen Zweck im Interesse des Ganzen – selbst wenn es nicht den Anschein hat.

Alles geschieht aus einem Grund

Zur Vorstellung von Vollkommenheit gehört außerdem die Annahme: Alles passiert aus einem bestimmten Grund. Dies ist auch die Grundlage der *Radikalen Vergebung*. Die Dinge passieren nicht MIT Ihnen – sie passieren FÜR Sie. Ihre Seele kreiert diese Situationen als Chancen, zu lernen und zu wachsen.

Der göttliche Plan

Während im Paradigma der objektiven Realität dem Leben kein Sinn zugebilligt wird, der über die bloße Existenz hinausginge, sieht das metaphysische Paradigma in allem im Leben einen Sinn – selbst wenn wir keine Ahnung haben, welcher das sein könnte. Grundsätzlich gilt: Alles geschieht aus einem bestimmten Grund und ist Teil des göttlichen Plans, auch wenn wir nicht wissen, was der Zweck dahinter ist, wie der Plan aussieht oder von wem er stammt.

Aus dieser Perspektive ist das Leben daher keine Aneinanderreihung zufälliger Ereignisse, die ohne Sinn und Verstand geschehen. Was willkürlich zu sein scheint, ist im Grunde genommen die Entfaltung eines göttlichen Plans, der im Hinblick auf unsere spirituelle Entwicklung absolut sinnvoll ist. Es ist ein dynamischer Plan, der sich jedes Mal verändert, wenn wir eine Entscheidung treffen, und gleichzeitig stets von göttlicher Vollkommenheit durchdrungen ist.

Das größere Bild

Im gegenwärtigen Paradigma gilt etwas nur dann als existent, wenn entsprechende greifbare Beweise und Messungen vorliegen. Im neuen Paradigma hingegen heißt es, unserem inneren Wissen zu vertrauen, dass hinter der Realität mehr steckt als das, was wir mit unseren fünf Sinnen oder den uns zur Verfügung stehenden Geräten erfassen können. Wir müssen uns auf die Vorstellung einlassen, dass die Realität größer ist als das, was wir erfassen können. (*Vielleicht erkennen wir das große Bild eines Tages, so dass sich der Schleier lüftet. Gegenwärtig schlummert das Bild jedoch noch im Verborgenen.*)

Das Universum kümmert sich um die Details

Da wir nicht in die Hintergründe des großen Bildes eingeweiht sind, können wir nicht alle Variablen einer Situation, mit der wir uns konfrontiert sehen, kennen. Die unendliche Intelligenz kennt sie jedoch und weiß auch, was für uns am besten ist. Wenn wir der unendlichen Intelligenz ein Problem anvertrauen, merken wir, dass sich die Dinge wie von selbst entfalten und wir leicht die Welt manifestieren können, die wir uns wünschen.

Spirituelle Wesen, die eine menschliche Erfahrung machen

Unsere Seele hat sich entschieden, zu inkarnieren, um vollständig in eine endliche Welt von Trennung, Dualität, Veränderung und Leid einzutauchen, auch wenn dieses Experiment nur um den Preis einer „spirituellen Amnesie“ funktioniert. Mit Hilfe dieser Erlebnisse soll sich unsere Seele entwickeln und die Erfahrung machen, dass sie Liebe ist. Das ist nur möglich, wenn wir alles hinter uns lassen, was keine Liebe zu sein scheint. Die Erfahrungen, die wir als Mensch machen, stellen uns vor genau diese Herausforderung. Das alte Paradigma erfüllt exakt diesen Zweck und dient der Sache perfekt. Wir machen diese Erfahrungen auch, damit sich das Bewusstsein der universellen Intelligenz (Gott) erweitern kann.

Spirituelle Wesen, die in einem physischen Körper eine spirituelle Erfahrung machen

Nachdem wir zum richtigen, vorherbestimmten Zeitpunkt in unserem Leben aufgewacht sind und langsam erkennen, wer wir wirklich sind, öffnen wir uns allmählich auch dem alternativen Paradigma. Dann wird uns bewusst: Wir sind spirituelle Wesen und doch gleichzeitig weiterhin vollständig in der menschlichen Erfahrung verwurzelt – in erster Linie, um anderen zu dienen.

Wir haben einen freien Willen

Selbst wenn wir uns mit dem Segen von „Alles-was-ist“, der „Unendlichen Intelligenz“, „Gott“ oder wie immer man es nennen möchte, inkarniert haben, ist es doch nach wie vor unsere eigene Entscheidung, wie wir die Erfahrungen gestalten, welche Lektionen wir uns aussuchen und wie wir sie erschaffen. Wir können völlig frei entscheiden, wie wir das tun möchten, und wir können unseren Weg nach Hause selbst wählen.

Spirituelle Intelligenz

Da unsere spirituelle Intelligenz uns stets in Richtung einer Heilung lenkt, lässt sie immer wieder Situationen entstehen, in denen wir die Einschränkungen in unserem Denken bzw. unseren unbewussten Überzeugungen erkennen können. Sie bringt Menschen in unser Leben, die diese Überzeugungen spiegeln oder mit denen wir diese Anteile immer wieder liebevoll „ausleben“ können. Das hat erst ein Ende, wenn wir uns von den Fehlannahmen befreien und uns dem öffnen, was wir in Wahrheit sind.

Feinde als Lehrer und Heilsbote

Die Menschen, die wir am stärksten ablehnen, sind unsere größten Lehrer. Sie bieten uns die Chance zur Heilung, indem sie entweder:

(a) das spiegeln, was wir an uns selbst ablehnen und deshalb verleugnen, unterdrücken oder auf sie projizieren,

(b) uns zwingen, uns etwas anzuschauen, das wir unterdrückt haben und das nach wie vor als eine Grundüberzeugung oder ein ungeheiltes Trauma vorhanden ist,

(c) oder dafür sorgen, dass wir unserer Mission treu bleiben.

Das Leben ist ein Spiegel

Das, was sich in der objektiven Welt zu ereignen scheint, ist eine reine Illusion – eine Projektion unseres Bewusstseins (unserer unbewussten Überzeugungen, Vorstellungen, Einstellungen usw.). Wenn Sie wissen möchten, welche das sind, dann müssen Sie einfach darauf achten, was sich in Ihrem Leben ereignet. Das Leben ist ein Spiegel, der Ihnen Ihre Überzeugungen vor Augen führt. Wenn Sie beispielsweise davon überzeugt sind, niemandem vertrauen zu können, dann werden Sie immer wieder Menschen anziehen, die Sie hintergehen. Wir möchten mit unseren Überzeugungen unbedingt richtig liegen. Deshalb kreieren wir unbewusst alles Mögliche, damit sie bestätigt bzw. bekräftigt werden. Dazu sind wir in der Lage – und sind uns dessen nicht einmal bewusst!

Nichts zu vergeben

Beim alten Paradigma liegt das Hauptaugenmerk auf Beurteilung, Wut, Schuld und Bestrafung. Da man im neuen Paradigma davon ausgeht, dass alles aus einem bestimmten Grund geschieht, gibt es hier kein „Richtig" oder „Falsch", sondern nur „Sein". Aus spiritueller Sicht gibt es also keine richtigen oder falschen Ereignisse und auch nichts zu vergeben. Vergebung ist irrelevant.

„Dort draußen" und „hier drinnen"

Beim alten Paradigma liegt das Hauptaugenmerk beständig auf der objektiven Welt dort draußen. Beim neuen Paradigma geht man stattdessen davon aus, dass die Welt „dort draußen" eine Projektion der Welt „hier drinnen" ist und dass es keine Trennung zwischen diesen Welten gibt. Alles ist eins. Sogar Gott lebt jetzt in jedem Einzelnen von uns und nicht mehr „dort oben". Wir sind jetzt eins mit Gott, und Gott ist Liebe – die vereinigende Kraft im Universum.

Spirituelle Energie

Das alte Paradigma existierte innerhalb der Grenzen der dreidimensionalen Realität. Religion war etwas Eigenständiges. Im neuen Paradigma steht die Spiritualität (nicht die Religion) im Mittelpunkt. Hier werden unserer Vorstellung von Realität spirituelle Dimensionen jenseits von Form und Raum hinzugefügt. Die Stringtheorie steht kurz davor, den Beweis zu erbringen, dass alles im Universum aus winzigen Energiefäden (Strings) bzw. -schleifen (Loops) besteht, die sich je nach Schwingungsfrequenz unterschiedlich in der materiellen Welt darstellen.

Energiekörper

Wir betrachten unsere Körper nicht mehr als Maschinen, sondern als Kombination von miteinander in Beziehung stehenden Energiefeldern. Demzufolge hat Gesundheit mit Energieausgleich zu tun. Bei meiner Arbeit mit Unternehmen vermittle ich den Mitarbeitern, ihr Unternehmen nicht als Schmelztiegel von Abteilungen, Gebäuden, Systemen usw. zu betrachten, sondern als komplexes Energiefeld, das sich aus den Energiefeldern aller Menschen zusammensetzt, die dort arbeiten.

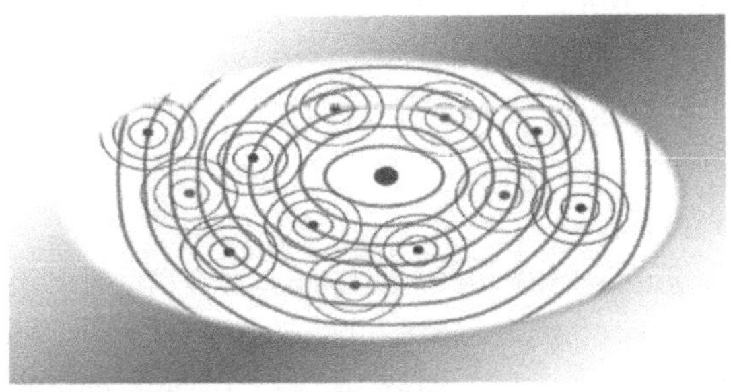

Abb. 1: **Das Energiefeld eines Unternehmens**

Langsam setzt sich die Erkenntnis durch, dass die Gesundheit eines Unternehmens von der Gesundheit seines Energiefelds abhängt und dass dieses Energiefeld seinerseits nur gesund sein kann, wenn jeder im Unternehmen ein klares und gesundes Energiefeld besitzt.

Ursache oder Wirkung

Beim alten Paradigma sind wir dem Leben auf Gedeih und Verderb ausgeliefert und haben bei dessen Gestaltung keinerlei Mitspracherecht. Das neue Paradigma dagegen bietet uns die Möglichkeit, nicht lediglich die Wirkung in einer Welt, die von Ursache und Wirkung bestimmt wird, zu sein, sondern die Ursache. Das ist kein leeres Gerede. Physiker konnten nachweisen, dass das

Bewusstsein die schöpferische Kraft im Universum ist und dass Materie sich mithin manifestiert, weil wir sie beachten.

Materie kann in Wellen- oder in Elementarteilchenform vorliegen. Bevor sie sich manifestiert, existiert sie in Wellenform – als Potenzial. Sie manifestiert sich in dem Moment, in dem aus der Welle ein Teilchen wird. Unser Bewusstsein ist ausschlaggebend dafür, ob Materie als Welle oder als Teilchen vorliegt. Daher sind wir selbst für die Schöpfung von Bedeutung. Wir erschaffen die Welt in jedem einzelnen Moment unseres Lebens – unser Leben ist unsere Schöpfung. Diese Erkenntnis ist der erste Schritt in Richtung *Radikaler Manifestation*.

Nicht logisch

Das neue Paradigma macht für unseren logisch arbeitenden Verstand wenig Sinn. Schließlich ist unsere Art zu denken und zu argumentieren auf das alte Paradigma geeicht. Die Versuche, das neue Paradigma mit den Worten des derzeitigen Paradigmas zu erklären, fallen kläglich aus, doch sie sind das Beste, was wir gegenwärtig haben.

Es funktioniert

Zwar untermauert die Quantenphysik eindeutig das neue Paradigma; wir als Individuen können es allerdings nur in Form von tiefem inneren Wissen – als subjektive Realität – als wahr erleben. Daher geht es bei der metaphysischen Konstruktion der Realität weniger um Theorien, sondern vielmehr um Erfahrungen. Der einzige Beweis für den Wert des metaphysischen Paradigmas besteht darin: Es scheint zu funktionieren, wenn wir ihm vertrauen und uns darauf einlassen.

Radikale Vergebung

Für mich ist die *Radikale Vergebung* natürlich das beste Beispiel dafür. Ich vermittle seit fast 20 Jahren *Radikale Vergebung* und erlebe diese Methode als außerordentlich erfolgreich. Sie funktioniert augenscheinlich und basiert doch ausschließlich auf der Grundlage des neuen metaphysischen Paradigmas.

Für den rationalen Verstand, der sich im Kontext des alten, objektiven Paradigmas ausgebildet hat, macht *Radikale Vergebung* absolut keinen Sinn. Und doch funktioniert sie selbst bei analytischen Skeptikern, die aus dem alten Paradigma heraus handeln – sofern sie bereit sind, es zu versuchen und die einfachen Werkzeuge anzuwenden, die diese Methode bereithält.

Die Weste

Ich möchte Ihnen eine Geschichte erzählen, die ein plastischer Beweis dafür ist. Als ich erst seit kurzer Zeit Workshops zur *Radikalen Vergebung* durchführte, erzählte mir eine Teilnehmerin eines Workshops in Australien eine Geschichte, die unglaublich herzzerreißend war. Die Teilnehmerin war wegen Geschehnissen, die ihren Kindern widerfuhren, völlig verzweifelt. Ich aber schaffte es nicht, sie zu *Radikaler Vergebung* zu bewegen. Also teilte ich den Teilnehmern mit, ich sei überfordert und könne ihnen daher auch kein echter Leiter sein. Wie könne ich von ihnen erwarten, dieses Prinzip auf ihre Probleme anzuwenden, wenn es mir schon nicht gelinge, es gleichermaßen auf alle Situationen anzuwenden?

Daher stellte ich die Teilnehmer vor die Wahl zwischen zwei Alternativen: (a) Ich würde ihnen ihr Geld zurückerstatten, wir würden den Workshop abbrechen und ich würde das Buch verbrennen, oder: (b) Wir würden den Workshop und die Prozessarbeit fortsetzen, obwohl niemand von uns – ich selbst eingeschlossen – daran glaubte. Die Gruppe entschied sich für die zweite Option, und wir machten weiter.

Am Ende des Workshops war besagte Teilnehmerin erstaunlicherweise selig und hatte mit ihrer Situation Frieden geschlossen. Ich weiß, das ist auch heute – nach vielen Jahren – noch der Fall. Dies hatte eine tiefe Wirkung auf die Gruppe und mich. Diese Frau hat mir meinen Glauben an den Prozess der *Radikalen Vergebung* wiedergegeben, denn wenn sie in Anbetracht ihrer Geschichte diesen Prozess durchlaufen konnte, dann konnte es jeder.

Abb. 2: **Die Weste**

Anschließend reiste ich in eine andere Stadt weiter. Etwa eine Woche später traf eine wunderschöne Weste mit der Post ein, die diese Teilnehmerin für mich angefertigt hatte. Sie teilte mir mit, sie hätte in der Nacht nach dem Workshop so viel Energie gehabt, dass sie ein Ventil dafür brauchte. Die Weste war mit allen möglichen Dingen aus dem Buch bestickt.

Heute trage ich diese Weste (oder eine andere, die sie später gemacht hat) mindestens an einem Tag jedes Workshops. Damit möchte ich zweierlei ausdrücken: Erstens erinnert mich die Weste daran, wie fragil meine Fähigkeit ist, angesichts scheinbar schrecklicher Ereignisse die Sichtweise zu vertreten, dass alles vollkommen ist. Zweitens ist sie ein Beweis dafür, dass die Methode auf jeden Fall funktioniert, so lange man nur bereit ist, die entsprechenden Werkzeuge einzusetzen.

Diese Begebenheit beweist: Man muss nicht an *Radikale Vergebung* glauben, damit sie funktioniert. Sie hat nichts mit dem Intellekt zu tun. Es handelt sich um eine Energieerfahrung. Die Werkzeuge ermöglichen es, dass die Energie, die bestimmten

Verletzungen, Gedanken, Überzeugungen, Vermutungen und Situationen anhaftet, in die richtige Richtung fließen kann und sich auflöst. Deshalb funktioniert *Radikale Vergebung* so schnell und so einfach.

Kampf der Paradigmen

Wie bereits ausgeführt, sind weder Logik noch gesunder Menschenverstand ausschlaggebend dafür, wo wir uns im Prozess des Übergangs von einem Paradigma zum anderen befinden. Vielmehr hängt dies einfach davon ab, wie verpflichtet wir uns dem einen oder anderen Paradigma gegenüber gerade fühlen.

Evolution versus „Intelligent Design"

Gegenwärtig führen uns die Vertreter der beiden Paradigmen in den USA interessanterweise deutlich vor Augen, welch großen Einfluss der persönliche Standpunkt darauf hat, welches Paradigma man vertritt. Die eine Gruppe vertritt die Ansicht, dass die Evolutionstheorie von Darwin die einzig gültige Erklärung für den Ursprung des Lebens ist. Die Vertreter des neuen Paradigmas lehnen die Darwinsche Theorie ab, weil sie ihrer Meinung nach keine Erklärung für die Vielfalt, Komplexität, symbiotische Vernetzung und Schönheit der Lebensprozesse liefert. Sie haben als Erklärung den metaphysischen Begriff „Intelligent Design" geprägt, demzufolge wir die Natur nur verstehen können, wenn wir ihren Entwurf einer Art allumfassender, wenn auch unbekannter Intelligenz zuschreiben.

Leider haben politisch konservative Kreise in den USA eine völlig verzerrte Definition von „Intelligent Design" im Sinne von „Kreationismus" (die Vorstellung, die Welt sei exakt so geschaffen worden, wie in der Schöpfungsgeschichte der Bibel beschrieben) geprägt und vertreten die Ansicht, ihr Gott sei der Schöpfer. Wenn man diese bedauerliche Entwicklung außen vor lässt, ist die

Vorstellung vom „Intelligent Design“ immerhin die Sichtweise, die dem metaphysischen Paradigma am besten entspricht.

Einheit versus Getrenntheit

Während ich dieses Kapitel schreibe, ist es bei der christlich-evangelikalen Bewegung zu einer interessanten Spaltung gekommen. Die beiden Fraktionen vertreten (meiner Ansicht nach) im Grunde die gegensätzlichen Standpunkte ‚Einheit‘ und ‚Getrenntheit‘.

Oberflächlich betrachtet geht es darum, ob die Regierung wegen der globalen Erwärmung etwas unternehmen sollte. Im Rahmen dieser Debatte vertritt die eine Fraktion den Standpunkt, der Mensch stehe über allem anderen und seine Interessen hätten absoluten Vorrang. Wenn eine Senkung der CO_2-Emissionen schlecht für die (amerikanische) Wirtschaft und somit schlecht für die Amerikaner sei, dann ist dieser Aspekt ihrer Ansicht nach wesentlicher als die Sorge um die Umwelt und die Klimastabilität.

Die andere Fraktion argumentiert: Wir Menschen tragen für die gesamte Schöpfung Gottes Sorge und sollten als gute Hüter des Planeten für diesen Verantwortung übernehmen. Dazu gehört, dass wir uns für eine Senkung der Emissionen einsetzen. Ich bin gespannt darauf, wie sich die Debatte entwickelt, insbesondere, weil die Evangelikalen einen bedeutenden Anteil von George Bushs Wählerschaft stellen. Und George Bush zog es lange vor, die globale Erwärmung zu ignorieren, da jede entsprechende Maßnahme schlecht für's Geschäft wäre.

6: Leben in beiden Paradigmen

Auf den ersten Blick hat es den Anschein, als schlössen sich die beiden Lebensparadigmen gegenseitig aus. Doch so wie Menschen, die Verantwortung für ihre Gesundheit und Heilung übernehmen, einfach das Beste aus der Schulmedizin und das Beste aus der Energiemedizin so miteinander kombinieren, wie es für sie stimmig ist, müssen wir als spirituelle Wesen auf einer spirituellen Reise auf dem Planeten Erde mit beiden Paradigmen gleichzeitig umgehen können. Wir müssen uns in dem Paradigma, das von einer objektiven Konstruktion der Realität ausgeht, genauso zu Hause fühlen, wie in dem anderen Paradigma mit seinen metaphysischen und spirituellen Prinzipien.

Ich bin der Auffassung, dass wir in das Leben inkarnieren, um Trennung zu erfahren. Dahinter steckt die tiefere Absicht, unser Gefühl für Einheit zu vergrößern, indem wir zunächst das Gegenteil davon erleben. Damit dies funktioniert, müssen wir natürlich an Trennung glauben. Wir müssen sie erst einmal in dem Ausmaß erfahren, das unsere Seele – je nachdem, zu was wir uns vor unserer Inkarnation bereit erklären – für erforderlich hält. Dann können wir mit dem Prozess beginnen, zu erkennen, wer wir wirklich sind. (*Dieser Prozess beginnt bei den meisten Menschen in der Mitte des Lebens und kann sich über mehrere Jahre erstrecken.*) Bei diesem Prozess des Erwachens handelt es sich im Grunde genommen um den Übergang zum neuen Paradigma.

Das Standardparadigma

Im Abendland greifen wir im Alltag und bei praktischen Angelegenheiten nach wie vor meist auf das Paradigma der objektiven Realität zurück, um die materielle Realität und das Leben, wie wir es kennen, zu gestalten.

Beispielsweise greifen wir noch immer auf die Newtonsche Physik zurück, um die Welt praktisch zu verstehen – auch wenn mit Hilfe der Quantenphysik, die es jetzt seit über einem halben Jahrhundert gibt, nachgewiesen wurde, dass die Newtonsche Physik grundlegende Fehler enthält. Doch auf der praktischen Ebene tut die Newtonsche Physik nach wie vor ihren Dienst.

Gegenwärtig nehmen wir wahrscheinlich in etwa 90 Prozent der Fälle noch das alte Paradigma als Maßstab. Dadurch bleiben wir in der menschlichen Erfahrung verankert, so wie wir durch die Newtonsche Physik in den praktischen Angelegenheiten des Alltags verankert bleiben. Im Alltag beziehen wir uns selten auf die Quantenphysik, und wir betrachten das Leben nur selten aus dem Blickwinkel es neuen Paradigmas.

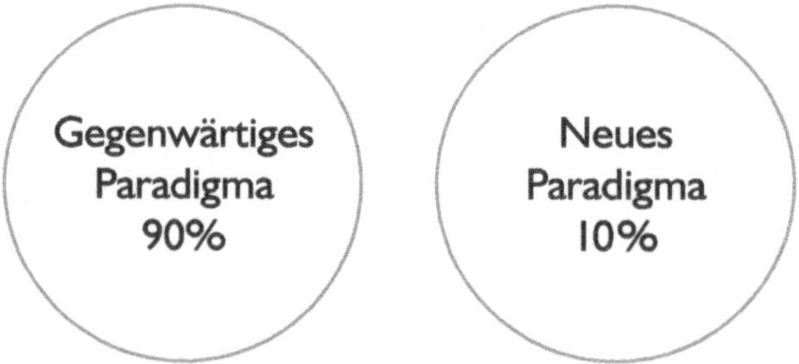

Wir könnten versucht sein, uns selbst dafür zu bestrafen, dass wir nicht in der Lage sind, vollständig im neuen Paradigma zu leben und deshalb den schrittweisen Prozess der Transformation unseres Selbst aufzugeben. Oder – was noch schlimmer wäre – wenn wir so tun würden, als wären wir schon vollkommen im neuen Paradigma angekommen, wenn dies tatsächlich nicht der Fall ist. Unser Bewusstsein ist zum gegenwärtigen Zeitpunkt noch nicht entwickelt genug, um ganz darin zuhause zu sein. Doch wir sind schon nah dran. Die Verhältnisse werden sich dramatisch verändern, weil wir zunehmend erwachen und uns transformieren. Dafür ist es jedoch wichtig, weiterhin gezielt darauf hinzuarbeiten.

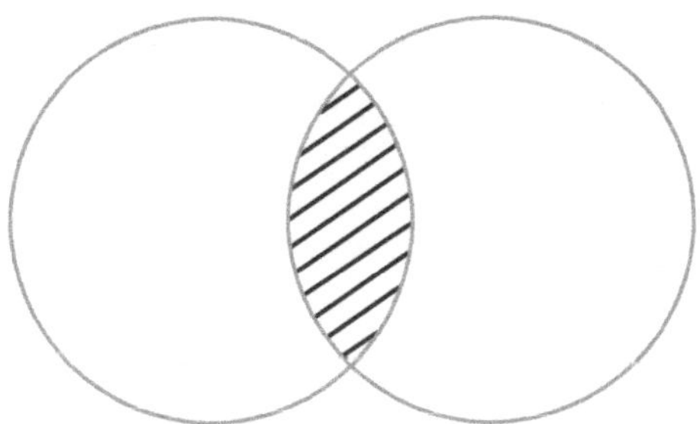

Wir müssen das Verhältnis, in dem wir uns in dem einen oder dem anderen Paradigma aufhalten, langsam, aber sicher verändern, bis wir den Punkt erreicht haben, an dem wir uns problemlos in beiden Paradigmen gleichzeitig aufhalten können.

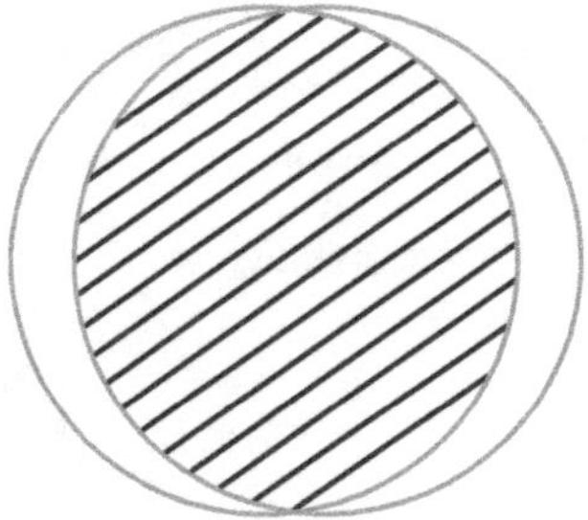

Abb. 3: **Die Paradigmen vereinigen sich**

Den Übergang realisieren

Es geht nicht darum, untätig auf den Paradigmenwechsel zu warten. Die Werkzeuge der *Radikalen Vergebung* und der *Radikalen*

Manifestation ermöglichen uns, darauf hin zu arbeiten. Wenn Sie mit den Werkzeugen arbeiten, dann „tun wir so als ob, bis es wirklich klappt“. Da man nicht an ihre Wirksamkeit glauben muss, wirken die Verfahren auch, wenn Sie „so tun als ob“. Sie werden auf diese Weise sowohl den Übergang als auch das neue Paradigma erfahren.

Die Brücke aus *Radikaler Vergebung* und *Radikaler Manifestation*

Wenn wir bei der Arbeit mit den Werkzeugen der *Radikalen Vergebung* und der *Radikalen Manifestation* so tun als ob, können wir unser übliches Weltbild zeitweilig ablegen und uns für das neue Paradigma öffnen, noch bevor wir es vollkommen verstehen.

Alle Werkzeuge fungieren wie eine Art Brücke zwischen diesen beiden Realitäten. Mit ihrer Hilfe können wir uns frei und leicht zwischen den Realitäten bewegen.

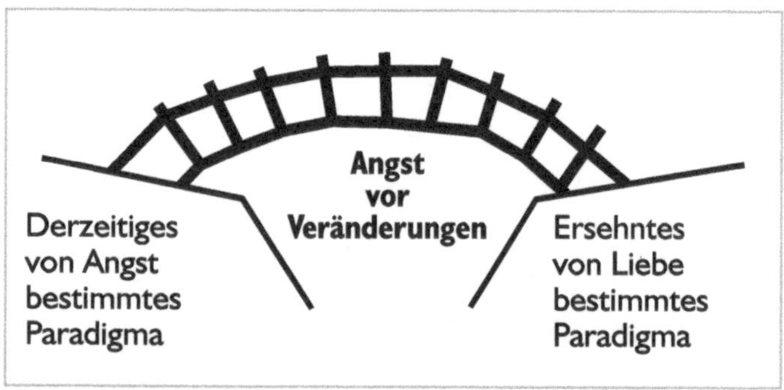

Abb. 4: **Die Brücke zur Liebe**

Je mehr wir etwas trainieren, desto weniger Angst macht es uns. Wenn die Zeit für den endgültigen Paradigmenwechsel reif ist, werden wir uns (durch den Einsatz der Werkzeuge) so sehr daran gewöhnt haben, uns im Schwingungsfeld der von Liebe geprägten

Realität aufzuhalten, dass unsere Angst vor dem letzten, entscheidenden Schritt verflogen sein wird.

Wie lange die Transformation dauern wird, steht in den Sternen. Zum einen ist dies von Mensch zu Mensch unterschiedlich. Zum anderen hängt es auch davon ab, wie intensiv die in diesem Buch und im Anhang vorgestellten Werkzeuge genutzt werden.

Denken Sie daran: Die Werkzeuge dienen nicht nur dazu, uns an die Schwingung des metaphysischen Paradigmas zu gewöhnen und uns das Manifestieren näher zu bringen. Es geht auch darum, unsere eigene Schwingung langsam aber sicher so zu erhöhen, dass wir die Werkzeuge irgendwann gar nicht mehr benötigen. Dann ist unsere Transformation abgeschlossen und wir sind auf allen Ebenen vollständig selbstermächtigt.

TEIL II

Die Grundannahmen der Radikalen Manifestation

7: Grundannahmen

Radikale Manifestation kann nur auf der Basis des metaphysischen Paradigmas wirken – wie in Teil I deutlich wurde. Vor diesem Hintergrund möchte ich jetzt jene Grundannahmen beschreiben, auf denen *Radikale Manifestation* basiert.

GRUNDANNAHME NR. 1

> Radikale Manifestation *ist möglich, wenn wir erkennen: Der göttliche Geist ist die Quelle, die uns mit allem versorgt. Fülle ist der natürliche Zustand des Universums und es gibt keinerlei Mangel. Auf dieser Grundlage verwirklichen und manifestieren wir unsere Wünsche, denn wir wissen, dass wir alles verdienen, was wir uns wünschen.*

Die meisten Menschen sind sich zumindest darin einig, dass es im Universum keinen Mangel an Energie gibt. Es gibt unendlich viel Energie. Wenn es sich bei jeder Form von Materie lediglich um Energie handelt, die durch das Bewusstsein Gestalt angenommen hat – wie die Quantenphysik nahe legt –, dann dürfte es theoretisch an nichts mangeln, was wir wirklich haben möchten. Wir müssen nur wissen, was wir wollen und wie wir darum bitten können.

Der Physiker David Bohm ist der Auffassung, dass die dingliche Realität des Alltags einfach nur eine Illusion, eine Art Hologramm ist. Unter der so genannten „objektiven Realität" befindet sich eine tiefere Ordnung der Realität, aus der die materielle Welt hervorgeht. Bohm bezeichnet diese Ebene der Realität als „implizite Ordnung". Hier existieren die Dinge, die noch nicht manifest sind, in „eingefalteter" Form. Sie warten darauf, mit Hilfe des Bewusstseins manifestiert bzw. „entfaltet" zu werden. Wenn dies eingetreten ist, wird daraus das, was Bohm als „explizite Ordnung" der Realität bezeichnet.

Bohm zufolge handelt es sich bei der Manifestation jeglicher materieller Form einfach um das Ergebnis zahlloser Verschiebungen zwischen der impliziten und der expliziten Ordnung der Realität. Dem, was aus der impliziten Ordnung heraus explizit gemacht werden kann, sind keine Grenzen gesetzt. Alles ist vorhanden. Was in Form von Energie in die implizite Ordnung eingefaltet ist, wartet nur darauf, dass wir es hervorrufen und explizit machen. Wir sind dazu in der Lage – und genau das meine ich mit *Radikaler Manifestation*. Es ist unsere Entscheidung, es zu tun oder zu unterlassen.

Sicherlich haben Sie auch schon die Erfahrung gemacht, sich etwas sehnsüchtig zu wünschen, das dann unerklärlicherweise genau in dem Moment auftauchte, als Sie es wirklich dringend brauchten! Zweifelsohne gibt es niemanden, dem das nicht mindestens einmal im Leben passiert ist. Gleichgültig, ob Sie das als Zufall oder Glück interpretiert haben oder ob Sie einen objektiven Grund dafür zu erkennen meinten – Ihr Verstand wird für so etwas immer eine logische Erklärung finden. Doch wie steht es mit der Möglichkeit, dass Sie es aus der impliziten Ordnung hervorgerufen haben?

Das bringt mich zur Frage nach dem Verdienst, die am Ende der ersten Grundannahme angerissen wurde. Es gibt viele negative Grundüberzeugungen, die aus unserer Verhaftung im alten Paradigma resultieren. Die Überzeugungen *„Ich bin es nicht wert“* und *„Ich verdiene das nicht“* gehören zu den schlimmsten. Sie blockieren unsere Fähigkeit, unsere Wünsche aus dem Feld der Fülle zu manifestieren, und entmachten uns unglaublich. Trotzdem hängen die meisten von uns diesen und ähnlichen Überzeugungen an, die ihre Wurzeln in dem stark urteilenden Wertesystem des alten Paradigmas haben.

In Wahrheit ist das Universum allerdings völlig neutral. Es urteilt über nichts und niemanden und beurteilt nie den Verdienst oder den Wert. Es liebt Sie bedingungslos und gibt Ihnen alles, worum Sie bitten. Wenn Sie glauben, es nicht zu verdienen, dann wird es Ihnen also nur Dinge und Erfahrungen präsentieren, die diese Überzeugung bestätigen. Sie bekommen nur, was Sie zu verdienen glauben. Sie müssen – wie ich im ersten Teil dieses Buches bereits schilderte – um Ihre Überzeugungen kennen zu lernen, einfach darauf achten, was sich in Ihrem Leben ereignet. Hier besteht ein direkter Zusammenhang.

GRUNDANNAHME NR. 2

> Radikale Manifestation *hängt davon ab, in welchem Maß wir dazu bereit sind, mit Hilfe der* Radikalen Vergebung *alle Opfer-Täter-Geschichten und alles, was damit zusammenhängt, wie z.B. Groll, Schuldzuweisungen, Erwartungen oder Urteile, aus unserem Bewusstsein zu entfernen.*

● Hier geht es einfach um die Qualität und Reinheit Ihres Energiefelds und um die Ebene Ihrer Schwingung. Ihre Schwingung muss relativ hoch und Ihr Energiefeld relativ klar sein, damit Sie das in Ihrem Leben manifestieren können, was Sie sich wünschen.

Stellen Sie sich Ihr Energiefeld als Luftfilter eines Autos vor. Je verstopfter der Filter ist, desto schlechter läuft der Motor. Je stärker Ihr Energiefeld mit Groll, Wut, Verbitterung, Traurigkeit und Ähnlichem verstopft ist, desto niedriger ist Ihre Schwingung und desto schlechter können Sie *Radikale Manifestation* praktizieren.

Glücklicherweise steht Ihnen eine Methode zur Verfügung, mit der Sie Ihr Energiefeld von allen Opfer-Täter-Geschichten, die eine niedrige Schwingung haben, reinigen können. Diese Methode ist die *Radikale Vergebung*.

Verletzungen aus der frühen Kindheit – wie Verlassenwerden, Ablehnung, Missbrauch usw. – heilen mit Hilfe der *Radikalen Vergebung* schnell. Dasselbe gilt für Schmerz, der durch eine Scheidung, den Verlust eines Freundes oder Partners, Verrat, einen Karriereknick oder Ähnliches verursacht wurde (Das heißt nicht, dass Sie Ihre Gefühle nicht zulassen dürfen. Es ist sogar sehr wichtig, dass Sie sie fühlen. Anderenfalls praktizieren Sie „spirituelle Vermeidung“, und das funktioniert nicht). Auch Schuldgefühle und Scham verschwinden mit Hilfe von *Radikaler Selbst-Vergebung* schnell (Im Anhang finden Sie den Link zur CD „13 Schritte zur Selbst-Vergebung").

Eine hohe Schwingung ist nur möglich, wenn Sie sich radikal vom Opferdasein verabschieden. Im neuen Paradigma ist kein Platz für Schuldzuweisungen. Hören Sie auf, sich zu rechtfertigen und mit dem Finger auf andere zu zeigen. Übernehmen Sie die Verantwortung dafür, dass Sie sich Ihr Leben erschaffen – denn genau dies ist der Fall.

Was bedeutet es, eine hohe Schwingung zu haben? Woran erkennt man, ob die Schwingung bei einem Menschen hoch oder niedrig ist? Darum geht es bei den folgenden Ausführungen.

Menschen mit niedriger Schwingung

Menschen mit niedriger Schwingung erleben regelmäßig Gefühle und Zustände wie Wut, Angst, Groll, Eifersucht, Zynismus, Apathie und sonstige negative Emotionen. Meist überwiegen bei ihnen die negativen Grundüberzeugungen. Menschen mit niedriger Schwingung sind häufig Energievampire, die dem System mehr entziehen als geben. Sie neigen zu Schuldzuweisungen und Rechtfertigungen.

Menschen mit hoher Schwingung

Bei einem Menschen mit hoher Schwingung kann man davon ausgehen, er ist frei von den meisten negativen Emotionen und die positiven Grundüberzeugungen überwiegen. Es handelt sich mit ziemlicher Sicherheit um einen fröhlichen, glücklichen, aufgeschlossenen, sympathischen, klaren, kooperativen und kreativen Menschen. Personen mit hoher Schwingung erleben eher Gefühle und Zustände wie Wertschätzung, Dankbarkeit, Mitgefühl, Demut und Liebe. Sie schöpfen tendenziell aus der feineren Energie des göttlichen Geistes und vermeiden Energie, die ihren Ursprung im Ego hat. Menschen mit hoher Schwingung sind im

Allgemeinen sehr integer. Sie bringen normalerweise deutlich mehr in ein System ein als sie entnehmen. D. h. sie versorgen ihre Mitmenschen mit Energie – nicht umgekehrt. Man fühlt sich in ihrer Anwesenheit wohl.

Eine Schwingungsskala

In der folgenden Tabelle wird dargestellt, wie sich bestimmte Bewusstseinsebenen als Schwingung darstellen. Diese Informationen entstammen dem bahnbrechenden Buch von David Hawkins *Die Ebenen des Bewusstseins – Von der Kraft, die wir ausstrahlen*. Hier kann man sehen, wo die verschiedenen Bewusstseinsebenen auf einer Skala von 1 bis 600 jeweils angesiedelt sind.

Qualität	Bewusstseinswert	Emotion
Frieden	600	Seligkeit
Freude	540	Heiterkeit
Liebe	500	Verehrung
Vernunft	400	Verständnis
Akzeptanz	**350**	**Vergebung**
Bereitwilligkeit	**310**	**Optimismus**
Neutralität	250	Vertrauen
Mut	200	Bejahung
Stolz	175	Verachtung
Wut	150	Hass
Begehrlichkeit	125	Verlangen
Angst	100	Ängstlichkeit
Kummer	75	Reue
Apathie	50	Hoffnungslosigkeit
Schuldbewusstsein	30	Schuldzuweisung
Scham	20	Demütigung

Abb. 5: **Skala des Bewusstseins**

Schwellenwert 200

Der entscheidende Punkt auf dieser Skala ist der Bewusstseinswert 200. Bei einem Wert von unter 200 geht es den Betreffenden in erster Linie um das persönliche Überleben; sie entnehmen dem System vermutlich mehr als sie einbringen. Daher wirken sie sich unter dem Strich meist negativ auf das Energiefeld von Gruppen aus, denen sie angehören. Menschen mit einem Wert von über 200 denken nicht nur an ihr Wohlergehen, sondern auch an das ihrer Mitmenschen. Sie wirken sich daher unter dem Strich mit großer Wahrscheinlichkeit positiv auf das Energiefeld der betreffenden Gruppe aus.

Hawkins weist darauf hin, dass sich die große Mehrheit der Weltbevölkerung unter der 200-Punkt-Marke befindet. Da die wenigen Menschen, die auf einer sehr hohen Ebene schwingen (500+), jedoch ein Gegengewicht zur Energie dieser Mehrheit mit ihrem Bewusstseinswert von unter 200 darstellen, liegt der Durchschnittswert bei 207. Die 200-Punkt-Marke als Durchschnittswert wurde erst in den letzten zehn Jahren überschritten. Jemand, der mit etwa 350 schwingt, gleicht 200.000 Menschen mit einer Schwingung von unter 200 aus. Jemand, der mit 500 schwingt, gleicht 750.000 Menschen mit einer Schwingung von unter 200 aus.

Weder gut noch schlecht

Nach dieser Vorstellung ist niemand gut bzw. schlecht oder besser bzw. schlechter als jemand anderes. Hawkins äußert sich dazu wie folgt:

> „Moralisierende Urteile sind immer von dem Blickwinkel abhängig, aus dem sie gefällt werden. Wie wir sehen können, verbessert sich der Zustand von jemandem, der Kummer und damit eine Bewusstseinsebene von 75 hat, deutlich, wenn er wütend wird und die Frequenz somit auf 150 ansteigt. Wut

an sich ist eine destruktive Emotion und schwingt noch auf einer niedrigen Bewusstseinsebene. Die Sozialgeschichte hat allerdings gezeigt, dass Apathie ganze Subkulturen und auch Individuen gefangen halten kann. Wenn die Hoffnungslosen anfangen, sich etwas Besseres zu wünschen (Begehrlichkeit, 125) und die Energie von Wut mit ihrer Frequenz von 150 nutzen, um Stolz (175) zu entwickeln, dann können sie vielleicht den Schritt zum Mut (200) machen und sich für die Verbesserung der Verhältnisse des Einzelnen und des Kollektivs einsetzen."

Zielen Sie auf 350 – 500 ab

In diesem Buch und in all meinen Publikationen zu *Radikaler Vergebung* habe ich immer wieder betont, wie wichtig die innere Bereitschaft ist. Da Bereitschaft bzw. Bereitwilligkeit 310 Punkte und Akzeptanz 350 Punkte zugewiesen wurden, ging ich früher davon aus, 400 sei die Schwingungsebene, die man erreichen muss, um ganz in Einklang mit dem Paradigma zu leben, das die *Radikale Vergebung* und die *Radikale Manifestation* unterstützt.

Inzwischen habe ich mich aber eingehender mit Hawkins Arbeiten befasst und bin heute der Auffassung, dass eine Schwingungsfrequenz von 500 anzustreben ist. Der Bewusstseinswert 500 ist auch der Punkt, an dem das spirituelle Bewusstsein gemäß Hawkins einen Riesensprung macht:

„Auf unserer Skala des Bewusstseins gibt es zwei entscheidende Punkte, an denen umfassende Fortschritte möglich sind. Der erste Punkt ist der Schwellenwert von 200, der die unterste Ebene der Selbstermächtigung darstellt. Hier entsteht die Bereitschaft, mit Schuldzuweisungen aufzuhören und Verantwortung für seine Taten, Gefühle und Überzeugungen zu übernehmen (So lange man die Ursache und die Verantwortung dafür noch nach außen projiziert, bleibt man im machtlosen Opferdasein verhaftet). Der zweite Punkt liegt bei 500. Diesen

> Punkt erreicht man, wenn man **sich Liebe und Vergebung, die nicht wertet, zur grundlegenden Haltung im Leben macht**. Dazu gehört auch, ***ausnahmslos*** allen Menschen, Dingen und Ereignissen bedingungslose Güte und Freundlichkeit entgegenzubringen.“ (Kursive Hervorhebung von Hawkins)

An diesen Ausführungen erkennt man, dass eine Schwingung im Bereich von 200 bis 500 die Bereitschaft fördert, nicht mehr anderen den Schwarzen Peter zuzuschieben und stattdessen Verantwortung für sein Leben zu übernehmen. Doch erst ab einem Schwellenwert von 500 wird die *Radikale Manifestation* so tief in unserem Bewusstsein verankert, dass sie fester Bestandteil unseres Lebens wird.

Ich habe außerdem den Eindruck, erst, wenn wir konstant bei etwa 500 schwingen, sind wir wirklich dazu in der Lage, bewusst die von uns gewünschte Realität zu manifestieren. Es ist davon auszugehen, dass wir das metaphysische Paradigma nicht wirklich leben können, solange unsere Schwingung noch unter 350 liegt. Daher sind die Verfahren im Rahmen der *Radikalen Vergebung*, mit denen wir auf über 350 gelangen, Voraussetzung dafür, einen Bewusstseinswert von etwa 500 und somit vollständige *Radikale Selbstermächtigung* zu erreichen.

Viele von uns schwanken, je nachdem, was sich gerade im Leben ereignet, zwischen 350 und 500 und erreichen nur in Ausnahmefällen die 500-Punkt-Marke. Nichtsdestotrotz scheint die 500 das richtige Ziel zu sein.

Grundannahme Nr. 3

> Radikale Manifestation *entsteht in dem Maß, indem wir bereit sind, im metaphysischen Paradigma zu leben und unsere Werte, Überzeugungen und unser Verhalten darauf auszurichten – zumindest, so weit dies zu diesem Zeitpunkt möglich ist.*

In Teil I habe ich die Werte, Überzeugungen, Vorstellungen, Gedanken und Grundannahmen jenes Paradigmas vorgestellt, das ich als „metaphysische Konstruktion der Welt" bezeichne. Daher werde ich jetzt nicht erneut auf diese Aspekte eingehen.

Ich habe auch darauf hingewiesen, dass es sich beim Paradigmenwechsel verständlicherweise um einen allmählichen Prozess handelt, und dass die ***Bereitschaft*** der Schlüssel dafür ist. Es reicht, wenn man bereit ist und alle zur Verfügung stehenden Mittel einsetzt, um den Wechsel zu ermöglichen und seine Schwingung – wie im letzten Kapitel beschrieben – zu erhöhen.

Dazu muss man natürlich regelmäßig mit den Werkzeugen der *Radikalen Vergebung* arbeiten, so dass dies zur Gewohnheit wird. Wenn wir aufrichtig bereit sind, uns an den Werten und Überzeugungen des neuen Paradigmas zu orientieren, dann erhöht sich unsere Schwingung genügend, um so manifestieren zu können, wie wir uns das vorstellen.

Außerdem ist es wichtig, voll und ganz in der eigentlichen menschlichen Erfahrung verankert zu bleiben. Wenn wir uns zu sehr mit dem neuen Paradigma und seiner Betonung der Spiritualität identifizieren, dann vergessen wir möglicherweise, dass es sich bei der menschlichen Erfahrung um eine „körperhafte" handelt – eine Erfahrung, die wir primär über unsere Sinne und unsere Gefühle machen. Es geht darum, gleichzeitig in der Welt des Menschlichen und in der Welt der göttlichen Wahrheit zu leben. Diese Welten kann man zusammenfassend folgendermaßen beschreiben:

Die Welt des Menschlichen umfasst die Welt der objektiven Realität, wie wir sie *außerhalb unserer selbst* erleben. Als Welt der Formen bietet sie den Rahmen, in dem wir unser tägliches Leben leben, und die Realität, die wir über unsere fünf Sinne wahrnehmen. Hier finden sich die Energiemuster von Tod, Veränderung, Angst, Beschränkung und Dualität. Diese Welt bietet uns das Umfeld, in dem wir als spirituelle Wesen die menschliche Erfahrung durchleben können.

Die Welt der göttlichen Wahrheit hat keine materielle Form und trägt bereits das Energiemuster des ewigen Lebens, der unendlichen Fülle, der Liebe und der Einheit mit dem göttlichen Geist in sich. Obwohl wir diese Welt nicht mit unseren Sinnen wahrnehmen und sie nur selten geistig zu erfassen vermögen, erfahren wir genug von ihr, um zu wissen: Sie ist real. Aktivitäten wie Gebet, Meditation und *Radikale Vergebung*, die unsere Schwingung erhöhen, ermöglichen uns einen Zugang zur Welt der göttlichen Wahrheit.

Diese *existenziellen Ebenen* unterscheiden sich nicht im Hinblick auf Raum oder Zeit, sondern nur in Bezug auf ihre Schwingungsebene. Die Quantenphysik hat nachgewiesen, dass die Gesamtheit der Realität aus Energiemustern besteht, die durch das Bewusstsein aufrechterhalten werden. Somit liegt die Welt der Formen als dicht konzentrierte Energie mit einer Schwingungsfrequenz vor, die wir mit unseren physischen Sinnen wahrnehmen können. Die Welt der göttlichen Wahrheit ihrerseits eröffnet sich uns als inneres Wissen und als außersinnliche Wahrnehmungen.

Da diese beiden Welten innerhalb desselben Kontinuums existieren, leben wir nicht etwa manchmal in der einen und dann wieder in der anderen Welt. Wir leben gleichzeitig in beiden Welten. Welche der beiden Welten wir aber zu einem gegebenen Zeitpunkt wahrnehmen, hängt davon ab, wie bewusst wir uns dieser Welten sind. Natürlich sind wir als Menschen mit unserem Bewusstsein eher mit der Welt des Menschlichen in Resonanz. Unsere Sinne ziehen uns in diese Welt und überzeugen uns von ihrer Realität. Wie wir in Kapitel 6 gesehen haben, müssen wir lernen, gleichzeitig in beiden Welten zu leben.

Grundannahme Nr. 4

> Radikale Manifestation *hängt davon ab, wie klar wir wissen, was wir möchten und aus welchem Grund wir es uns wünschen. Außerdem ist es entscheidend, wie klar wir der Bitte Ausdruck verleihen und wie viel Dankbarkeit wir empfinden – in dem Vertrauen, dass sich der Wunsch bereits erfüllt hat. Dann müssen wir bereit sein, die Anhaftung an das Gewünschte loszulassen.*

● Diese Grundannahme enthält eine ganze Reihe unterschiedlicher Aspekte, auf die ich jetzt im Einzelnen eingehen möchte.

Zunächst möchte ich betonen, dass das Universum Ihnen natürlich nicht das geben wird, was Sie sich wünschen, sofern Sie nicht darum bitten. Vermutlich weiß das Universum zwar von Ihrem Wunsch, aber da Sie einen freien Willen haben, reagiert es nur auf eine konkrete Bitte. Daher müssen Sie wissen, was Sie wollen, und Sie müssen diesen Wunsch sehr klar ausdrücken können.

Gleichzeitig sollten Sie sich aber gut überlegen, worum Sie bitten. In unserer materialistischen Kultur wurde uns gelehrt, mit Hilfe der Kraft unseres Geistes rein materialistische Ziele, die wenig mit höherrangigen spirituellen Werten zu tun haben, zu setzen und zu erreichen. Hinter solchen Zielen stecken häufig nicht spirituelle, auf einer niedrigen Bewusstseinsstufe angesiedelte Motive wie Gier, Neid, Wettbewerb, Kontrolle, Angst, Erfolgsdruck, das Bedürfnis nach Bestätigung oder andere von außen motivierte Beweggründe. Diese haben ihre Wurzel in der Vorstellung von Mangel und in von Angst bestimmten Werten.

Materialistische Ziele sind nicht von Grund auf falsch oder schlecht. Uns sollte jedoch bewusst sein, dass solche Ziele weder uns selbst noch das Kollektiv insgesamt glücklich oder zufrieden machen, wenn sie durch solche nicht spirituellen Werte motiviert sind – im Extremfall können sie gar Schaden anrichten.

Die andere Falle, in die wir hinsichtlich der Ziele tappen, die auf Werten aus einer niedrigen Bewusstseinsstufe beruhen, ist das Verhaftetsein am Ergebnis. Wenn wir die Ziele nicht erreichen, haben wir das Gefühl, versagt zu haben – denn wir glauben, wir bzw. unser Ego habe das bewirkt, und nicht der göttliche Geist.

Die Lösung besteht darin, materialistische Absichten zu formulieren, die sich speziell auf höhere Ziele und die damit verbundenen Werte beziehen.

Die drei Ebenen von Absicht:

1. Absichten auf der spirituellen Ebene

Beispiele für diese Art von Zielen sind: Frieden, Glück, Einheit, Fülle, Freude am Geben und Nehmen, Freiheit und für andere da sein. Durch solche Ziele wachsen Qualitäten wie Bedingungslosigkeit, Nicht-Anhaftung, Hingabe, Dankbarkeit, Großzügigkeit, Liebe und Freude in Ihnen. Letztendlich führen solche Ziele zu einem göttlichen Bewusstsein und zu dem Wunsch, sich mit der Quelle zu verbinden.

2. Absichten auf der Ebene der Transformation

Diese Ziele entstehen aus dem Wunsch nach persönlicher Transformation und Wachstum, aus dem Streben nach dem Zustand eines erwachten Bewusstseins. Beispiele dafür sind: Erwachen, Wissen um die eigene Bestimmung und Mission, Schätzen und Annehmen dessen, was ist, die Bereitschaft zu vergeben, die Fähigkeit loszulassen, anderen zu dienen, sich mit dem göttlichen Geist zu verbinden usw. Durch solche Ziele wachsen Qualitäten wie Mitgefühl, Vertrauen, Vergebung, Demut, Offenheit und Hingabe in Ihnen. Wenn Sie diese Ziele erreichen, erfahren Sie Synchronizität, Erkenntnis, Offenbarung und erhöhtes Gewahrsein.

3. Absichten auf der Basisebene bzw. materialistische Ziele

Diese Wünsche wurzeln in der materiellen Welt. Dabei kann es sich um Dinge handeln wie physisches Wohlbefinden, Reichtum, materielle Güter, Handlungsfreiheit, gute Gesundheit, Respekt, Status, Erfolg, Macht, Kontrolle oder Anerkennung. Durch solche Wünsche wachsen Qualitäten wie materieller Erfolg, Stolz, praktisches Wissen, Geerdetsein und Gesundheit in Ihnen. Die mit der Basisebene verbundenen Werte sind meist körperliches Überleben, Komfort, Anerkennung und materieller Erfolg.

Bezug zu den höheren Ebenen

Jede Ebene sollte einen Bezug zur nächsthöheren Ebene haben. Wenn Sie beispielsweise begründen, warum Sie etwas Materielles manifestieren möchten, dann sollte der Grund dafür auf der Ebene der Transformation oder besser noch, auf der spirituellen Ebene liegen und nicht lediglich auf der Basisebene. Dadurch werden die Werte der höheren Ebenen zur Grundlage für diese praktischen bzw. materialistischen Ziele, die so eine höhere Schwingung erhalten. Außerdem ist es, wie bereits erwähnt, sehr wichtig, dass Sie das, was Sie sich wünschen, mit der Vorstellung verbinden, es bereits zu haben. Die Gefühle sollten außerdem unbedingt mit den Absichten der höheren und nicht denen der tieferen Ebenen verbunden sein.

Ich möchte Ihnen dies an einem praktischen Beispiel aus meinem Leben veranschaulichen.

Als ich heranwuchs, war der Jaguar mein Lieblingsauto. Gleichzeitig war der Jaguar in meinen Augen aber ein Auto für reiche und erfolgreiche Geschäftsleute. Mein Vater war ein einfacher

Flugzeugtechniker, der täglich 11 Kilometer mit dem Fahrrad zur Arbeit und zurück fuhr. Ein Auto hatten wir nicht. Erst als mein Vater schon über 50 Jahre alt war, schaffte er ein Auto an – noch dazu bloß einen Mini. Wir waren eindeutig Angehörige der Arbeiterklasse und wir lebten in England, einer Gesellschaft mit einem ausgeprägten Klassenbewusstsein. In England kann man seine Klassenzugehörigkeit nicht so einfach ablegen wie in Amerika. Geld allein reicht hier nicht.

Der Jaguar war für mich also ein Auto für Menschen aus einer anderen Schicht bzw. für Menschen, die es im Leben zu etwas gebracht hatten. Er stand für Erfolg, für ein Leben auf großem Fuß und für Klasse. Jaguarbesitzer gehörten eindeutig zur Oberschicht. Ich nicht.

Abb. 6: **Der Jaguar**

Der Besitz eines Jaguars war also ein Ziel auf der Basisebene. Es war unverschämt materialistisch, aber ich verband meine Absicht, einen Jaguar zu kreieren, mit einem Ziel auf der Transformationsebene. Ich wollte mit Hilfe des Jaguars mein Armutsbewusstsein und meine Einstellung gegenüber der Unterschicht überwinden und so eine neue Ebene unternehmerischen Erfolgs ermöglichen. Auch hierbei handelt es sich um ein Basisziel, doch es bezieht sich auf ein Ziel auf der spirituellen Ebene: Mehr Menschen zu Diensten zu sein und meine Mission zu verwirklichen, bis 2012 eine Welt der Vergebung erschaffen zu haben. Das ist das, was ich tue, und dies spiegelt sich auch in meinem Unternehmen.

Autos bedeuten mir im Allgemeinen sehr wenig. Sie sind für mich schlicht ein Transportmittel, und auch ein hoher Preis macht für mich daraus kein Statussymbol. Bevor ich einen Jaguar hatte, besaß ich ein Auto, das noch wesentlich teurer war. Doch der Wagen bedeutete mir nichts. Er war ein Mittel, um von A nach B zu kommen – mehr nicht. Dem Jaguar verlieh ich dann freilich eine Bedeutung, die meine eigene Transformation als Mensch unterstützte und Bezug zu meiner göttlichen Bestimmung hatte.

Sorgen Sie also für höherrangige Ziele, auf die Ihre Basisziele Bezug nehmen können. Diese Ziele müssen real und authentisch sein. Es führt zu nichts, sie zu erfinden. Wenn Sie wirklich keine Gründe finden, warum Sie etwas zur Förderung Ihrer Transformation oder im Sinne Ihrer göttlichen Bestimmung haben möchten, dann sollten Sie sich fragen, ob es Sinn macht, überhaupt Energie auf die Manifestation zu verwenden. Die vielen Menschen, die „Zeug“ ansammeln, einfach nur, um es zu haben, werden nichtsdestoweniger immer unzufriedener, weil dieser Besitz keinerlei tiefere Bedeutung für sie hat und sie deshalb nicht glücklich macht.

Am fatalsten ist die Umkehrung des Prozesses, d.h. wenn höherrangige Ziele gesetzt werden und es dabei im Grunde genommen nur um die Befriedigung von Zielen auf der Basisebene geht. Das ist beispielsweise der Fall, wenn man einen Teil seines Einkommens abgibt, und zwar nicht etwa, um der Quelle als Zeichen seiner Dankbarkeit etwas zurückzugeben, sondern weil man sich noch mehr Geld davon verspricht. Wenn Sie versuchen, das Universum auf diese Weise zu manipulieren, werden Sie interessante Lektionen in Sachen Integrität erhalten.

Der letzte Teil dieser Grundannahme ist wohl der wichtigste und gleichzeitig schwierigste. So wie man bei der *Radikalen Vergebung* erkennen muss, dass es nichts zu vergeben gibt, muss man sich bei der *Radikalen Manifestation* vollständig davon befreien, das, worum man gebeten hat, bekommen zu wollen.

Es stimmt: Sie müssen viel Energie in Ihre Absicht lenken und diese so intensiv wie möglich spüren – aber dann müssen Sie Ihren Wunsch ganz loslassen. Wenn es sich nicht manifestiert, dann bedeutet das nicht, dass Sie versagt haben. Es bedeutet einfach, dass Ihre spirituelle Intelligenz entschieden hat, dass Sie etwas Besseres verdient haben, dass es nicht der richtige Zeitpunkt ist oder dass Sie noch nicht bereit sind, das Gewünschte zu empfangen.

TEIL III

Bewusstseinstraining und spirituelle Praxis für *Radikale Manifestation*

8: Das Bewusstsein

Dieses Buch ist bei weitem nicht das einzige auf dem Markt, das Ihnen zeigen möchte, wie Sie Ihre Träume verwirklichen können. Allerdings werden in den meisten Büchern Techniken vermittelt, die dazu dienen, die langjährige Programmierung des Unterbewusstseins und des Unbewussten außer Kraft zu setzen.

Diesen Ansatz gibt es schon lange. Der Grundstein dafür wurde möglicherweise durch Napoleon Hills Bestseller *Denke nach und werde reich* gelegt. Doch diese Herangehensweise ist nur bis zu einem gewissen Punkt erfolgreich. Auf die Gründe dafür möchte ich zunächst eingehen. Anschließend werde ich den Ansatz meines Buches darstellen und die Unterschiede verdeutlichen.

Lassen Sie uns jetzt anschauen, wie das Bewusstsein wirklich funktioniert und warum unsere Programmierung so veränderungsresistent ist.

Wie in der Abbildung 7 dargestellt, besteht das Bewusstsein aus drei Ebenen – plus der emotionalen Komponente, die alle drei Ebenen umfasst.

1. Die bewusste Ebene

Auf dieser Ebene des Bewusstseins handeln wir mit bewusstem Gewahrsein. Sie ist für unsere alltägliche kognitive Aktivität zuständig. Man geht davon aus, dass dieser Teil des Bewusstseins gerade einmal 10 Prozent der Gesamtaktivität unseres Bewusstseins ausmacht.

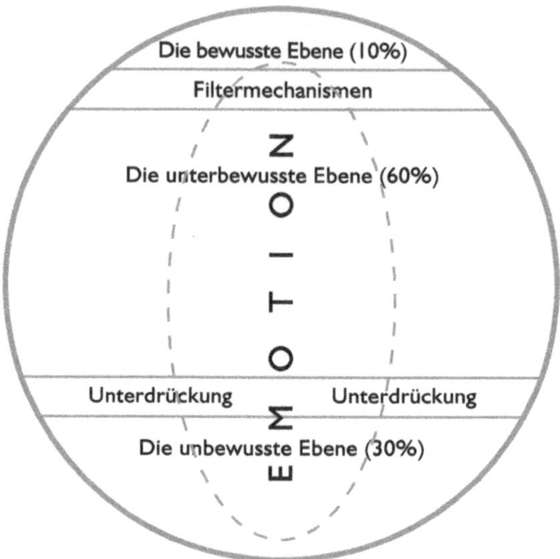

Abb. 7: **Die Ebenen des Bewusstseins**

2. Die unterbewusste Ebene

Die unterbewusste Ebene ist die nächst tiefere Ebene nach der bewussten Ebene. Im Unterbewusstsein sind all unsere Vorstellungen, Überzeugungen, Einstellungen, Vorurteile und Gewohnheiten sowie viele unserer grundlegenden Bedürfnisse und Antriebe gespeichert. Es ist programmierbar – doch wenn das Programm einmal eingegeben ist, dann ist es sehr resistent gegen Veränderungen. Es heißt, unser Unterbewusstsein sei zu 90 Prozent bereits programmiert, wenn wir sieben bis acht Jahre alt sind, und unser Lebensskript sei dann folglich schon relativ festgelegt.

Der Zellularbiologe und Autor des Buches *Intelligente Zellen*, Dr. Bruce Lipton, ist der Auffassung, der bewusste Teil des Bewusstseins sei ein Prozessor mit einer Übertragungsgeschwindigkeit von 40 Bit pro Sekunde, der etwa 5 Prozent unserer Aktivitäten steuert. Das Unterbewusstsein hingegen sei ein Prozessor mit einer Übertragungsgeschwindigkeit von 40 Millionen Bit pro Sekunde, der 95 Prozent unserer Aktivitäten steuert.

Der Inhalt des Unterbewusstseins offenbart sich immer als beobachtbares Verhalten. Es strahlt beständig schöpferische Energie aus, die nach dem Gesetz der Anziehung die konkreten Situationen in unserem Leben kreiert. Deshalb müssen Sie ja auch lediglich darauf achten, was Ihnen im Leben begegnet, um Ihre Überzeugungen kennen zu lernen. Anders gesagt: Ihr Leben spiegelt die Inhalte Ihres Unterbewusstseins wider.

3. Die unbewusste Ebene

Die Ebene des Unbewussten reicht tiefer als die des Unterbewusstseins und die Inhalte sind schwerer zu erkennen bzw. nicht so leicht zugänglich. Unterdrücktes unbewusstes Material liegt tief unter der bewussten Ebene verborgen und zeigt sich nur selten als zuzuordnendes Verhalten.

Denn diese Ebene des Bewusstseins ist von ausgeklügelten Verteidigungsmechanismen umgeben, die die Inhalte verstecken und stark unterdrücken. Es ist nicht so, dass das Unbewusste kein konkretes Verhalten zur Folge hätte. Das hat es. Es tarnt sich einfach hervorragend.

Unsere tiefsten Ängste, Schamgefühle und schmerzhaftesten Verletzungen liegen ungelöst in diesem Teil des Bewusstseins vergraben. Unser größter Ärger liegt hier zusammen mit unserer unverarbeiteten Trauer und dem tiefsten Selbsthass in Ketten. Das Unbewusste ist die Sammelstelle für jene dunklen Geheimnisse, deren Anblick wir nicht ertragen, und für jene niedrigen Begierden, die wir uns nicht eingestehen können. Es ist ein dunkler Ort, der ständig Energie ausstrahlt. Seine Auswirkungen sind zwar nur schwer erkennbar und werden – wenn überhaupt – nur selten der richtigen Ursache zugeschrieben, aber sie haben große Macht. Diese Art von Energie kann sehr viel Unheil anrichten.

Diese drei Ebenen des Bewusstseins sind als Schichten aufgebaut, und sowohl das Unterbewusstsein als auch das Unbewusste verfügen über einen eingebauten Selbsterhaltungsmechanismus. Zwischen der bewussten und der unterbewussten Ebene gibt es beispielsweise einen Mechanismus, der den Informationsfluss in beide Richtungen blockiert bzw. filtert.

Kontrolle

Dieser Filtermechanismus dient der Kontrolle und Prüfung. Wenn auf der bewussten Ebene beispielsweise eine Vorstellung wie *„Jetzt bin ich reich"* auftaucht, prüft der Filtermechanismus im Unterbewusstsein und im Unbewussten, ob dieser Gedanke in Einklang mit den dort befindlichen Vorstellungen steht. Wenn es dort Überzeugungen, Glaubenssätze oder Einstellungen wie *„In deiner Gesellschaftsschicht ist man nicht reich"* oder *„Geld ist schlecht, und nur schlechte Menschen sind reich"* vorfindet, dann wird die Vorstellung *„Jetzt bin ich reich"* zurückgewiesen.

Wie es zu Blockaden kommt

Das „bewusste Bewusstsein" ist relativ schwach und kann sich nicht über das Unterbewusstsein hinwegsetzen. Eventuell möchte jemand, der sich – oberflächlich betrachtet – bewusst mehr Geld wünscht, dies im Grunde genommen gar nicht. Dann wird er Möglichkeiten finden, jeden Geldfluss in seine Richtung zu torpedieren. Dieses häufige Phänomen ist auch ein Beispiel dafür, wie unser Unterbewusstsein und das Unbewusste unsere Fähigkeit blockieren, das zu manifestieren, was wir uns wünschen.

Das gegenwärtig vorherrschende Paradigma der Realität hat unser kollektives Unterbewusstes mit allen möglichen Überzeugungen ausstattet, die unsere Fähigkeit beeinträchtigen, das in unser Leben zu bringen, was wir uns wünschen – Gesundheit, Geld, Freiheit, Liebe, Erfüllung usw. Dieser Prozess ist seit Jahrhun-

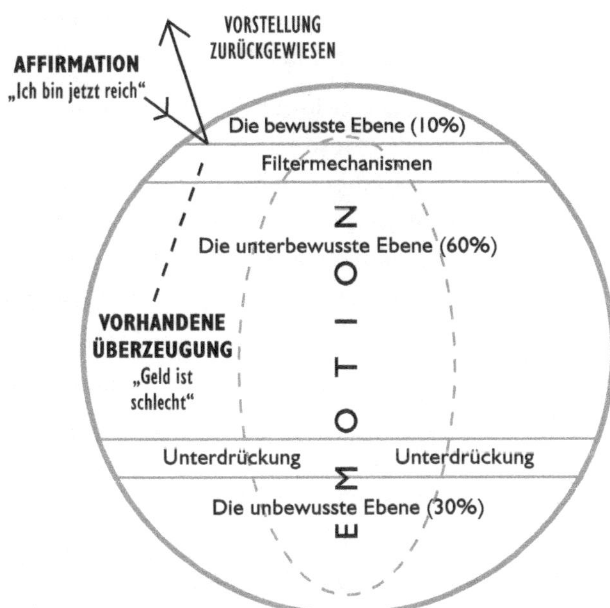

Abb. 8: **Der Filtermechanismus**

derten im Gange, daher wird es auch keine schnelle Änderung geben. Wir machen uns etwas vor, wenn wir glauben, wir könnten uns über unser Unterbewusstsein oder unser Unbewusstes hinwegsetzen, indem wir ein paar Affirmationen formulieren und bewusst Vorsätze fassen. Zweierlei ist zu tun, um in Kontakt mit unserer wahren schöpferischen Kraft zu kommen, die wir dem metaphysischen Paradigma zufolge besitzen:

Zum einen sollten wir gekonnt jene Teile unseres Unterbewusstseins und unseres Unbewussten umgehen, in denen die alte Programmierung aktiv ist, und stattdessen unsere spirituelle Intelligenz einsetzen.

Zum anderen sollten wir den Prozess mit Hilfe bestimmter Eigenschaften des Unterbewusstseins und des Unbewussten in Gang setzen, ihn dann aber, bevor die negative Programmierung aktiviert wird, ganz in die Hände unserer spirituellen Intelligenz geben.

In den meisten Büchern und sonstigen Empfehlungen zum Thema geht es ausschließlich darum, Geist und Bewusstsein einzusetzen. Da sie primär im alten Paradigma verankert sind, wird auf die spirituelle Intelligenz nicht hingewiesen. Der Ansatz dieses Buchs hingegen beruht auf dem metaphysischen Paradigma. Daher liegt das Hauptaugenmerk nicht auf dem Bewusstseinstraining, sondern auf der spirituellen Praxis.

Die intellektuelle Intelligenz wird vom präfrontalen Kortex gesteuert und die emotionale Intelligenz hat ihren Sitz im limbischen System. Die spirituelle Intelligenz dagegen ist im Herzen verortet. Es ist die Intelligenz unserer Seele.

Im Gegensatz zu intellektueller und emotionaler Intelligenz, die auf das Individuum beschränkt sind, ist die spirituelle Intelligenz Teil der größeren kollektiven spirituellen Intelligenz und der Gruppenseele. Sie ist direkt mit der universellen Intelligenz verbunden. Die meisten Verfahren, die wir in Zusammenhang mit der *Radikalen Manifestation* erlernen, richten sich an diesen Anteil in uns.

Doch da der Prozess der Manifestation als Idee oder Vision seine Wurzeln im Bewusstsein hat und anfangs von einem Wunsch und den damit verbundenen Emotionen vorangetrieben wird, macht es Sinn, zumindest zu Beginn sowohl die intellektuelle als auch die emotionale Intelligenz in den Manifestationsprozess einzubeziehen.

Wir setzen diesen Prozess mit Hilfe der Gesamtheit des Bewusstseins (bewusste, unterbewusste und unbewusste Ebene) in Gang übergeben ihn dann der spirituellen Intelligenz. Wesentlich ist dabei, den Prozess zu übergeben, lange bevor die negative Programmierung aktiviert wird. Wir können bewährte Techniken wie die Kraft der Suggestion, Visualisierung und positive emotionale Beeinflussung als Starthilfe einsetzen, bevor wir den Prozess dem göttlichen Geist anvertrauen.

Man kann den Prozess der Manifestation formal in sechs Schritte unterteilen, auf die ich im nächsten Kapitel eingehen möchte.

9: In sechs Schritten zur Manifestation

Der Prozess der Manifestation kann in sechs Schritte unterteilt werden. Die ersten vier Schritte sind mentaler und emotionaler Natur. Die letzten beiden Schritte sind das Ergebnis spiritueller Praxis. Sie sind am schwierigsten zu meistern – und sie sind die wichtigsten.

1. Sich des Bedürfnisses gewahr werden
2. Die Vorstellung konkretisieren und in klare Worte fassen
3. Das Endergebnis visualisieren
4. Sich so fühlen, als würde man es bereits haben
5. Es ganz dem göttlichen Geist anvertrauen
6. Aufhören, es haben zu wollen

◆ Schritt 1
Sich des Bedürfnisses gewahr werden

Dieses Gewahrsein entsteht infolge einer inneren (intrinsischen) Sehnsucht oder als Ergebnis einer äußeren (extrinsischen) Botschaft oder Begebenheit. Sofern alle unsere grundlegenden Bedürfnisse nach Nahrung, Obdach und Sicherheit erfüllt sind, handelt es sich bei den intrinsischen Bedürfnissen wahrscheinlich eher um die Sehnsucht nach Dingen, die mit Zielen auf der Ebene der Spiritualität oder Transformation zu tun haben. Bei den extrinsischen Auslösern dagegen wird es meist um das Erreichen von Zielen auf der Basisebene gehen.

Relativer Mangel

Werbung und alle anderen Spielarten von Marketing zielen darauf ab, uns auf ein Bedürfnis auf der Basisebene aufmerksam zu machen, von dem wir meist nicht einmal wussten, dass wir es haben. Dazu wird bei uns ein Gefühl von relativem Mangel erzeugt. Es ist unerheblich, wie viel wir schon besitzen. Die Anbieter möchten, dass wir uns benachteiligt fühlen, weil andere Menschen Dinge besitzen, die wir nicht haben, oder weil sie die neueste Version besitzen und wir nicht.

Beobachter sein

Das Wichtige an diesem Schritt ist es, ein Bewusstsein für das Gewahrwerden Ihrer Bedürfnisse zu entwickeln. Daher ist Ihr „Beobachter" von entscheidender Bedeutung. Der Beobachter ist der Teil von Ihnen, der Sie von einem nicht wertenden, neutralen Ort außerhalb von Ihnen beobachtet. Er ist mehr als Ihr „Selbst-Gewahrsein". Er ist Teil Ihres höheren ‚ICH-BIN'-Selbst.

Unser Unterbewusstsein wird täglich mit zahllosen Botschaften bombardiert, gegen die man sich kaum wehren kann. Deshalb ist es äußerst wichtig, dass Sie neben sich stehen und Ihre Reaktionen beobachten können. Dazu gehört auch, zu erkennen, wann welche Auslöser bei Ihnen funktionieren und bei welchen Ködern Sie anbeißen. Sie sollten Ihre Reaktionen aber nicht schlecht reden oder Ihre Wünsche in irgendeiner Form verurteilen. Wenn Sie sich gerne modisch kleiden oder stets die neuesten technischen Spielereien haben möchten – warum nicht? Wer verbietet Ihnen, sich als Ziel zu setzen, einen teuren Ledermantel oder den neuesten Computer zu manifestieren?

Die Ebene der Absicht

Das Geheimnis besteht darin, sich seiner Sehnsüchte und ihres Ursprungs bewusst zu sein. Es ist sehr hilfreich, wenn Sie Ihre

Wünsche den zuvor beschriebenen drei Ebenen der Absicht zuordnen können. Handelt es sich einfach um eine Absicht auf der Basisebene, und Sie möchten etwas Materielles kreieren? Wurzelt die Absicht in dem Wunsch, sich zu transformieren? Steht dahinter die Sehnsucht nach Sinn, Bestimmung und Erfüllung? Ist es eine Kombination aus zwei oder drei dieser Absichten?

Ein materialistischer Wunsch ist nicht etwa schlecht. Es ist nicht verwerflich, sich materielle Dinge zu wünschen. Uns muss nur klar sein: Solch ein Wunsch hilft nicht wirklich weiter, sofern er keinen Bezug zu einer oder mehreren höheren Ebenen hat. Materielle Dinge bringen weder Glück noch Erfüllung. Für sich genommen, verleihen sie unserem Leben keinen wirklichen tieferen Sinn. Solange uns dies bewusst ist und wir uns nicht vormachen, ein neues Auto sei die Antwort auf unser geringes Selbstwertgefühl oder unsere Depression, ist nichts dabei, ein schönes Auto zu besitzen. Warum sollte das Universum uns das nicht geben wollen? Da sage ich: Nur zu! Aber seien Sie achtsam.

Das Bedürfnis analysieren

Bevor wir mit dem zweiten Schritt weitermachen, sollten wir unsere Wünsche, Begehrlichkeiten und Sehnsüchte ohne Bewertung analysieren. Wir müssen herausfinden, ob sie real sind, ob sie wichtig sind oder einfach nur leichtfertig. Wir müssen erkennen, ob sie eine Bedeutung und einen Wert für uns haben oder ob sie einfach nur einer Laune entsprungen sind. Alles ist in Ordnung – sofern wir uns darüber im Klaren sind und uns nichts vormachen.

Fragen Sie „Wozu?“

Die Frage nach dem „Wozu“ ist sehr hilfreich. Wozu möchte ich das? Wohin wird das führen? Was würde sich Gutes daraus ergeben? Was ist der Nutzen?

Die Frage nach dem „Wozu“ ist auch in methodischer Hinsicht wichtig. Denn wir sollten zwar einerseits darauf achten, dass die Programmierung unseres Unterbewusstseins nicht unsere Manifestationsabsicht zunichte macht, bevor wir sie dem göttlichen Geist übergeben haben. Gleichzeitig nutzen wir das Unterbewusstsein jedoch für den Prozess der Manifestation.

Liefern Sie Ihrem Unterbewusstsein einen Grund oder eine Rechtfertigung – dann ist es weniger wahrscheinlich, dass es eine Sache blockiert, selbst wenn diese Sache in Widerspruch zu seinen Programmierungen steht. Daher wird bei allen Übungen, Werkzeugen und Verfahren zur Manifestation nach den Gründen gefragt – danach, warum Sie sich etwas Bestimmtes wünschen.

Da es Energie und Einsatz erfordert, etwas zu verwirklichen, sollten Sie sich fragen, ob es sich lohnt, Energie auf die Manifestation einer bestimmten Sache zu verwenden. Dazu müssen Sie Prioritäten setzen. Was ist Ihnen am wichtigsten? Was hat die größte Bedeutung? Was würde zu dem größten Frieden, dem höchsten Glück und der tiefsten Freude führen? Stellen Sie auch hier wieder einen Bezug zu den höherrangigen Absichten her.

Schritt 2
Die Vorstellung konkretisieren und in klare Worte fassen

Nachdem Sie sich des Wunsches gewahr geworden sind, entwickeln Sie eine genaue Vorstellung davon, worum genau Sie das Universum bitten möchten. Vielleicht haben Sie sich bei Schritt 1 schon entsprechende Fragen gestellt. Jetzt möchte ich Ihnen Leitlinien an die Hand geben, wie Sie das, was Sie sich wünschen, artikulieren bzw. in Worte fassen können.

Klarheit

Bei einer klaren Bitte kann es sich um etwas so Unspezifisches wie *„Ich brauche Hilfe"* handeln oder um etwas sehr Detailliertes und Spezifisches mit einer umfassenden Liste der Eigenschaften des Gewünschten. Sie können den Wunsch sehr präzise äußern – wie beim letzteren Beispiel –, oder sehr offen – wie bei der Bitte um Hilfe; entscheidend ist die Klarheit.

Wichtig ist, dass Sie klar und eindeutig wissen, was Sie kreieren möchten. Ihnen muss auch bewusst sein, wie offen Sie dafür sind, es dann auch in der vom Universum gewählten Form anzunehmen. Die Aussage *„Ich brauche Hilfe"* bedeutet „Ich nehme Hilfe in jeder Form an." Wenn es einen wichtigen Aspekt in Zusammenhang mit dieser Hilfe gibt, dann muss dieser auch formuliert werden. Das gilt insbesondere, wenn dieser Aspekt Ihrer Absicht eine Bedeutung auf der zweiten und dritten Ebene verleiht.

Zur Veranschaulichung möchte ich auf mein Beispiel mit dem Jaguar zurückkommen. Ich wollte nicht irgendeinen Jaguar, um meine Einstellung im Hinblick auf Gesellschaftsklassen, Wert und Erfolg zu transformieren. Es hatte ein bestimmtes Modell zu sein. Der Jaguar S-Type erinnert stark an den Jaguar Mark I der 1950er Jahre, der für mich eine bestimmte Bedeutung hat. Daher kam kein anderes Modell in Frage, nicht einmal der teurere Jaguar XJ. Ich musste meine Absicht im Hinblick auf das Modell geklärt haben, sonst würde der Jaguar seinen Zweck nicht erfüllen.

Die Liste

In den 1980ern und 1990ern erstellten Menschen, die auf Partnersuche waren, gerne detaillierte Listen mit den Eigenschaften, die sie sich bei ihrem Partner wünschten. Eine Bekannte von mir erstellte ebenfalls solch eine Liste. Dann lernte sie jemand kennen, der in jeder Hinsicht die Antwort auf ihre Gebete zu sein schien. Die beiden heirateten, jedoch nach kurzer Zeit erkannte sie: Sie hatte sich zwar lauter richtige Dinge gewünscht, nur nicht, den Betreffenden lieben zu können! Sie ließen sich bald darauf scheiden.

Die Kraft der Worte

Wenn Sie wissen, was Sie möchten, und das klar vor Augen haben, dann fassen Sie Ihren Wunsch in Worte. Allem, was Sie aussprechen, geben Sie Kraft. Worte tragen sehr viel Energie und Schöpferkraft in sich, insbesondere wenn auch emotionale Energie in ihnen mitschwingt. Verwenden Sie bei Ihren Formulierungen also emotionale Worte, die Gefühle wachrufen.

Schreiben Sie Ihre Absichten eindeutig und mit allen Einzelheiten auf. Lesen Sie Ihre Notizen anschließend laut vor. Letzteres ist ganz besonders wichtig. Die Wirkung des Vorlesens wird noch verstärkt, wenn Sie Ihren Wunsch jemand anderem oder besser noch einer ganzen Gruppe vorlesen, sofern sich diese Personen mit Ihnen im Geist im Einklang befinden. Menschen, die auf diese Weise mit Ihnen verbunden sind, können die Energie noch beträchtlich verstärken.

In der Gegenwart formulieren

Für das Unterbewusstsein gibt es so etwas wie Zukunft nicht. Es agiert ausschließlich in der Gegenwart. Daher müssen wir alles, was wir sagen oder aufschreiben, in der Gegenwart formulieren. Es spielt keine Rolle, ob uns die Formulierungen seltsam vorkommen oder ob sie grammatikalisch falsch sind. Sagen Sie nie „*Ich werde mich über ... freuen*“. Sagen Sie stattdessen „*Ich freue mich, dass ich ... habe.*“

Es ist bereits geschehen

Aus ähnlichen Gründen müssen Sie Ihre Absicht außerdem so formulieren, als sei sie bereits eingetreten. Wenn Sie sagen „Ich wünsche mir etwas", dann verleihen Sie dem Wort „wünsche" Kraft. Sie werden folglich ein Ergebnis exakt aufgrund jenes Wortes erhalten, dem Sie Kraft verliehen haben – einen Wunsch. Daher müssen Sie sagen, dass Sie jetzt etwas „haben". „**Es ist bereits geschehen.**"

Hier geht es nicht einfach darum, das Unterbewusstsein auszutricksen. Es ist uneingeschränkt wahr: Es ist bereits geschehen. Vergangenheit und Zukunft spielen hier keine Rolle. Es geht ausschließlich um diesen Augenblick. Und sobald Sie die entsprechenden Worte aussprechen, machen Sie etwas explizit, das in der impliziten Ordnung bereits vorhanden ist. Daher ist es ratsam, Ihre Absicht mit einer Wendung wie *„und so ist es"* oder *„es ist bereits geschehen"* abzuschließen. Dadurch verbinden Sie sich mit dem metaphysischen Paradigma der Realität und mit dem, von dem Ihre spirituelle Intelligenz weiß: Es ist wahr.

Setzen Sie eine Frist

Auch wenn ich gerade darauf hingewiesen habe, dass die Zeit hier keine Rolle spielt, so sollten Sie in Ihrer Absicht immer auch einen Zeithorizont vorsehen. Zwar gibt es zwischen dem Moment, wo etwas noch im Meer der unendlichen Möglichkeiten eingefaltet ist, und dem Moment, wo es sich materialisiert, keinen Zeitunterschied, doch unsere spirituelle Intelligenz hat wahrscheinlich keine Vorstellung von Zeit. Vielleicht ist ihr nicht bewusst, dass es so etwas wie ein „Wann" gibt. Wenn wir den Zeithorizont in unserer Absicht ausdrücken, wird sie es hören.

Bei Formulierungen wie *„bis dann"* müssen Sie darauf achten, den Fokus nicht auf die Zukunft zu legen. Schreiben Sie nach wie vor in der Gegenwart, auch wenn die Grammatik dann „schräg" wird.

Zum Beispiel: *„Vor Ende nächsten Monats habe ich die Tätigkeit gefunden, die ideal für mich ist, und ich freue mich außerordentlich darüber"*, oder: *„Voller Freude finde ich jetzt, lange vor Ende des Jahres, die Tätigkeit, die ideal für mich ist."*

◆ Schritt 3 Das Endergebnis visualisieren

Worte sind sehr kraftvoll, und doch sagt ein Bild mehr als tausend Worte. Wenn Sie vor Ihrem geistigen Auge ein Bild von Ihrer Absicht entstehen lassen, dann verschaffen Sie sich dadurch zusätzlich Klarheit, was sehr hilfreich sein kann. Mit einem geistigen Bild sagen Sie auch aus, dass die Absicht bereits eingetreten ist – und das ist noch wichtiger. Dies gilt insbesondere für Bilder, die in Ihnen jene Gefühle aktivieren, die Sie empfinden werden, wenn sich die Absicht realisiert. Sportler kennen diese Wirkung nur zu gut. Sie trainieren eine perfekte Leistung stets vor ihrem geistigen Auge, bevor sie zum realen Wettkampf antreten.

Achten Sie also darauf, dass Ihr Bild Elemente enthält, die ihm die Bedeutung von „jetzt" und nicht von „in Zukunft" verleihen. Das Bild muss aussagen, dass „es jetzt geschieht".

Sie verstärken die Wirkung des Bildes noch, wenn Sie es stark vergrößern. Es darf auch den ganzen Himmel einnehmen. Seien Sie Ihr eigener Kameramann und zoomen Sie die wichtigsten Symbole im Bild heran. Fügen Sie auch angenehme und deutlich hörbare Geräusche hinzu. Machen Sie daraus eine mitreißende Darbietung mit möglichst vielen Reizen für Gefühl, Augen und Ohren.

Manche Menschen sagen von sich, sie könnten nur schwer visualisieren. Damit meinen sie im Grunde genommen, dass es ihnen nicht leicht fällt, mental ein neues Bild zu erzeugen. Wenn ich jemanden bitte, sein Auto, sein Haus oder das Gesicht seines Kindes zu visualisieren, hat er normalerweise keinerlei Probleme, auf sein visuelles Gedächtnis zuzugreifen. Anschließend bitte ich ihn, sich die neue Sache vorzustellen. Das funktioniert dann meistens. Anscheinend fällt es manchen Menschen leichter, sich etwas vorzustellen, als zu versuchen, es zu visualisieren.

◆ Schritt 4
Sich so fühlen, als würde man es bereits haben

In der aktuellen Literatur über die Kraft des Gebets, insbesondere in *Der Jesaja-Effekt* von Gregg Braden, wurde nachgewiesen, dass Gefühle das entscheidende Element sind. Gefühle beschränken sich nicht nur auf die von den Pionieren des Positiven Denkens betonten Emotionen wie Vorfreude und erwartungsvolle Spannung. Sie umfassen auch jene Empfindungen, die auftreten, wenn ein Wunsch in Erfüllung geht: Freude, Dankbarkeit, Wertschätzung, Erkenntnis, Staunen und Ehrfurcht.

Wenn der Prozess der Manifestation zu wirken beginnt und Sie zunehmend häufiger das erhalten, worum Sie bitten, dann werden diese Gefühle intensiver und treten öfter auf. Sie werden Tränen der Freude und Dankbarkeit vergießen, weil Sie erkennen, wie sehr Sie geliebt werden. Sie werden sich vom Universum beschenkt fühlen, wenn es Sie an seiner Fülle teilhaben lässt. Sie werden vor Dankbarkeit überwältigt sein.

Zu Beginn der Arbeit mit *Radikaler Manifestation* müssen Sie diese Gefühle jedoch bewusst erzeugen. Stellen Sie sich vor, wie Sie sich unter solchen Umständen fühlen würden, und dann versuchen Sie in diese Gefühle einzutauchen. Dazu können Sie eine Situation aus Ihrer Vergangenheit wachrufen, in der Sie sich – wenn auch nur kurz – so gefühlt haben. Konzentrieren Sie sich auf die Erinnerung an dieses Gefühl und lassen Sie es in sich wachsen. Wenn die mit diesem Gefühl verbundenen Neuropeptide in Ihrem Körper ausgeschüttet werden, dann können Sie dieses Gefühl einfach auf das übertragen, was Sie gerade visualisieren, und es dort ankern.

Diese Gefühle sind bei Absichten der zweiten und dritten Ebene in der Regel viel tief greifender als bei Absichten auf der Basisebene. Die Absichten der höheren Ebenen haben meist mit Wünschen nach Qualitäten wie Glück, Frieden, Harmonie, Freiheit, Freude und Annahme zu tun. Die Absichten, die mit materiellen Zielen zu tun haben, erzeugen eher Gefühle niedrigerer Natur wie Aufregung und Erwartung. Sie sind oft verknüpft mit Motiven wie Gier und Habsucht und sie befriedigen das Bedürfnis nach Status, Macht, Akzeptanz usw.

Achten Sie darauf, dass Sie die Gefühle mit den Worten verbinden, mit denen Sie die Absicht ausdrücken (Schritt 2).

Dadurch verstärken Sie wirkungsvoll die Vorstellung, dass ihr Wunsch bereits in Erfüllung gegangen ist. Ich bin überzeugt, Ihnen ist die Bedeutung dieses Prinzips inzwischen klar geworden.

◆ Schritt 5
Es ganz dem göttlichen Geist anvertrauen

Die ersten vier Schritte helfen sowohl denen, die bei dieser Arbeit noch vom alten Paradigma ausgehen, als auch denen, die sich bereits das neue Paradigma zu eigen gemacht haben. Ab dem fünften Schritt erfordert der Prozess allerdings unbedingt die Bereitschaft, mit den Grundannahmen des metaphysischen Paradigmas zu arbeiten. Das alte Paradigma muss definitiv ausgeschlossen werden. Jetzt beginnt auch der Teil des Prozesses, in dem *Radikale Manifestation* als spirituelle Praxis – und weniger als mentale Gymnastik – zu sehen ist.

Eine höhere Autorität

An dieser Stelle bedanken wir uns bei unserem Unterbewusstsein für seine bislang geleistete Unterstützung. Gleichzeitig weigern wir uns ab jetzt, es noch in irgendeiner Weise einzubeziehen. Wir achten ab sofort nicht mehr auf das Geplapper von Unterbewusstsein und Unbewusstem, sondern arbeiten mit einer höheren Autorität, der wir uns fügen. Der Zugang zu dieser höheren Autorität erfolgt nicht über den Intellekt oder das Bewusstsein, sondern über unsere spirituelle Intelligenz.

Wer hat das Steuer in der Hand?

Bei dieser spirituellen Praxis gilt es zunächst zu erkennen: Dies ist nicht unser Spiel. Wir (unser Ego) haben hier nicht das Sagen. Wir haben auch wenig bzw. keine Ahnung, was hier gespielt wird. Unser höheres Selbst (Seele) hat das Steuer in der Hand. Dies ist der einzige Teil von uns, der weiß, wie das Leben funktioniert und welchen Plan Gott für uns persönlich und für die Menschheit insgesamt hat.

Demut

Bei diesem Schritt geht es um Hingabe, und Demut ist die Voraussetzung. Wir haben ja bereits ziemlich viel Energie darauf verwendet, unsere Absichten herauszufinden, sie zu klären, zu formulieren und die damit zusammenhängenden Gefühle zu spüren. Jetzt müssen wir die Angelegenheit unserem höheren Selbst überlassen und dem göttlichen Geist anvertrauen. Denn nur er weiß, was für uns am besten ist.

Gemeinsame Schöpfung

Hier müssen wir allerdings aufpassen. Wir haben keinen Freifahrtschein für Apathie, Tatenlosigkeit oder Fatalismus. Es ist nicht so, als könnten wir einfach nichts tun und den göttlichen Geist für alles sorgen lassen. Die Devise lautet: „gemeinsame Schöpfung“ – nicht: „Abhängigkeit“. Jeder von uns ist Teil vom göttlichen Geist – sozusagen ein „göttlicher Funke“. Gott lebt in jedem von uns. Wenn wir unser eigenes Bewusstsein und das des Göttlichen darin erweitern möchten, müssen wir jeden Aspekt unseres Lebens gemeinsam mit Gott erschaffen.

Paradoxon

Wieder einmal haben wir es mit der Art von paradoxer Situation zu tun, der wir bei der Arbeit mit dem metaphysischen Paradigma ständig begegnen. Einerseits sollen wir alles dem göttlichen Geist, Gott, der universellen Intelligenz oder wie auch immer wir die Quelle nennen möchten, anvertrauen. Andererseits sind wir nach wie vor für das, was wir in unserem Leben erschaffen, verantwortlich.

Ziele setzen

Ein anderes Rätsel, das mit diesem Paradoxon zu tun hat, stellt sich jedes Mal, wenn wir davon sprechen, uns Ziele zu setzen – auch in Zusammenhang mit *Radikaler Manifestation*. Das Rätsel lautet wie folgt: Wenn alles perfekt ist, wie es ist, wozu soll man sich dann überhaupt Ziele setzen?

Wenn ich mich an Punkt A befinde und mir zum Ziel setze, zu Punkt B zu gelangen, gehe ich dann nicht davon aus, A sei nicht in Ordnung und B besser als A? Warum sonst sollte ich mir die Mühe machen?

Dieser Logik zufolge verstößt es gegen einen der Grundsätze des metaphysischen Paradigmas, überhaupt Ziele zu setzen. Bei diesem Paradigma gibt es freilich noch einen anderen Aspekt. Ihm zufolge werden sich Menschen immer so etwas wie Ziele setzen, einfach um zu erleben, dass B nicht besser ist als A und es bei der Reise von A nach B einzig und allein darum geht, was man unterwegs lernt (C).

Buckminster Fuller verwendete dafür den Fachterminus „Präzession“.

Präzession

Ich will versuchen, diesen komplexen Begriff zu erläutern. Stellen Sie sich vor, Sie sitzen auf einem Drehstuhl und halten einen sich drehenden Fahrradreifen in den Händen. Wenn Sie versuchen, den Reifen nach links oder rechts zu neigen, dann beginnt der Stuhl, auf dem Sie sitzen, sich zu drehen. Der Kraft, die Sie auf die Achse des Reifens ausüben, wird somit Widerstand entgegengesetzt. Diese Reaktion erfolgt aber verzögert, so dass sie 90 Grad später in der Rotation eintritt. Ähnlich ist es bei Kreiseln, die sich ja nach vorne bewegen, wenn man sie nach rechts stößt (sofern sich der Kreisel gegen den Uhrzeigersinn dreht). Gyroskope, die als Kompasse in Flugzeugen eingesetzt werden, bedienen sich desselben Prinzips.

Es spielt keine Rolle, ob Sie die Theorie der Präzession verstehen oder nicht. Merken Sie sich einfach Folgendes: Setzt man einen Gegenstand in eine Richtung in Bewegung und wirken dann

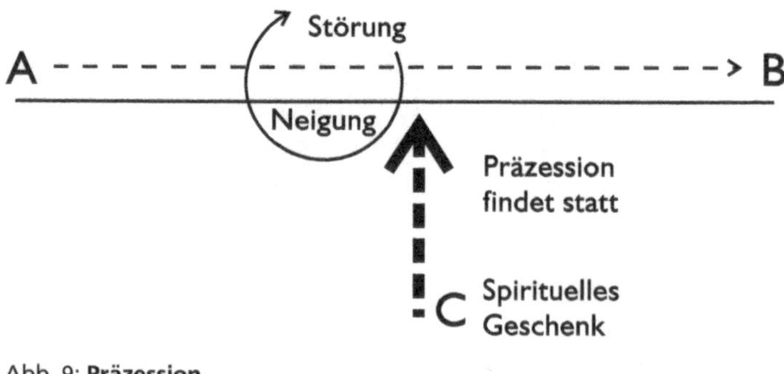

Abb. 9: **Präzession**

bestimmte Kräfte auf den sich bewegenden Gegenstand ein, so kommt es zu anderen (möglicherweise unerwarteten) Bewegungen. Im vorliegenden Fall stellt sich das Ergebnis in einem Winkel von 90 Grad zur Bewegungsrichtung ein.

Fuller wollte mit dieser Analogie verdeutlichen, dass man in Bewegung sein muss – auf dem Weg von Punkt A nach Punkt B –, damit ein unerwartetes spirituelles Ergebnis (C), das in einem Winkel von 90 Grad zu unserer Reiserichtung auf uns zukommt, eintreten kann. Außerdem muss Kraft eingesetzt werden, die das Gleichgewicht des sich bewegenden Objekts (Sie) stört, damit die Veränderung stattfinden kann.

Treten Sie die Reise an

Bei Ihrer Absicht, von A nach B zu gelangen, geht es also eigentlich nur darum, in Bewegung bzw. unterwegs zu sein. Sie setzen sich B als Ziel, weil Sie es nicht besser wissen. Sie sind sich des großen Bildes zu wenig gewahr, als dass Sie C bemerken würden – um das es bei der Reise eigentlich geht. C kommt in einem Winkel von 90 Grad zu Ihrer Reiserichtung auf sie zu und tritt nur ein, wenn Ihr Gleichgewicht irgendwie gestört wird. Bei B handelt es sich möglicherweise noch um ein Basisziel. C dagegen hat mit ziemlicher Sicherheit mit Transformation (Ebene 2) oder Spiritualität (Ebene 3) zu tun.

Dem Prozess vertrauen

Im Rahmen des eigentlichen Prozesses entspricht der Aufbruch von A nach B den ersten vier Schritten. Sie wissen nicht, was C ist, wann es auftauchen könnte oder wie es sich darstellen wird. Sie wissen nur, dass möglicherweise etwas anderes als B oder gar nichts eintritt. Das entspricht den Schritten 5 und 6.

◆ Schritt 6
Aufhören, es haben zu wollen

Dieser Schritt ist der schwierigste. Sie haben viel Energie darauf verwendet, einen Wunsch und Hingabe zu erzeugen. Sie haben Freude und Dankbarkeit gespürt, weil sie es erhalten haben, und Sie haben in sich die Gewissheit geschaffen, dass das Universum Sie in seiner Fülle damit beschenken möchte. Und dann sollen Sie Ihr Bedürfnis, es haben zu wollen, aufgeben – wie ärgerlich! Das ist eine echte Herausforderung.

Es hilft, wenn Sie sich Fullers Präzessions-Modell vergegenwärtigen. Lassen Sie B los. Sie wissen schließlich, dass C möglicherweise auf dem Weg zu Ihnen und vielleicht noch besser als B ist. Doch auch hier heißt es: Aufpassen. Sonst laufen wir Gefahr, eine Verhaftung durch eine andere zu ersetzen. Wir sind dann zwar nicht mehr B verhaftet, dafür aber C. Eigentlich können wir uns auch gleich eingestehen, dass dieser Schritt praktisch menschenunmöglich ist. Schritt 5 fällt schon schwer genug, aber dieser Schritt ist so gut wie unmöglich. Doch denken Sie daran, dass es reicht, wenn wir ***bereit*** sind, aufzuhören, es haben zu wollen. Machen Sie sich das zur Gewohnheit. Sagen Sie sich immer wieder, Sie sind bereit, aufzuhören, es haben zu wollen.

Sie können diese hohe Schwingung der Bereitschaft auf alle Fälle durch andere Gefühle, Gedanken und Taten unterstützen, deren Schwingung mindestens genauso hoch ist. Lassen Sie sich weiter von der Energie und Begeisterung, die Ihnen Ihre Vision gibt, tragen. Schließlich wissen Sie, das Universum hat Ihre Bitte gehört und arbeitet daran, sie zu erfüllen – oder Ihnen etwas Besseres zukommen zu lassen. Sie dürfen Nicht-Anhaftung keinesfalls mit Resignation oder fehlender Verbundenheit verwechseln. Loslassen ist nicht gleichbedeutend mit Aufgeben.

Sie erkennen den Unterschied zwischen Nicht-Anhaftung und niedrigeren Schwingungsqualitäten wie Resignation daran, wie

Sie sich fühlen. Je niedriger die Schwingung, desto negativer fühlen Sie sich. Wenn Sie bereit sind, ohne Anhaftung zu sein, dann spüren Sie freudige Erregung, Offenheit und Vorfreude in sich. Denn Sie wissen, das Universum wird Sie reich mit dem beschenken, was seiner Meinung nach am besten für Sie ist.

10: Wie Sie sich selbst sabotieren können

Wir sollten uns immer vor Augen halten: Das Universum ist ein Ort unendlicher Fülle und es ist nichts dabei, manifestieren zu können. Schließlich hat die Quantenphysik nachgewiesen, dass Manifestation ein völlig natürliches Phänomen ist. Unsere Fähigkeit zur Manifestation wird einzig und allein dadurch blockiert, dass wir einem Glaubenssystem anhängen, in dem dies bezweifelt wird. Um zu beweisen, dass wir mit diesem Glauben richtig liegen, sabotieren wir unbewusst unsere Fähigkeit zur Manifestation. Ich möchte Ihnen jetzt ein paar Möglichkeiten der Sabotage beschreiben, vor denen Sie sich hüten sollten.

1. Auf B fixieren und C verpassen

Wie im vorangegangenen Kapitel besprochen, geht es bei der Zielsetzung (B) im Grunde genommen darum, etwas zu haben, auf das man sich von (A) aus hinbewegen kann. Es geht darum, lange genug in Bewegung zu bleiben, damit man auf (C) treffen kann. Manchmal konzentrieren wir uns jedoch so sehr darauf, (B) zu bekommen, dass wir (C) nicht bemerken. Denn während es sich bei (B) um grobstoffliche Energie handelt, die vielleicht bereits eine manifeste Form angenommen hat, ist (C) normalerweise feinstofflich, latent und bisweilen nur als Möglichkeit vorhanden. Wenn wir zu stark auf (B) fixiert sind, bemerken wir die subtilen

Zeichen und Botschaften, mit denen (C) unsere Aufmerksamkeit auf sich lenken möchte, nicht. Dann verpassen wir vielleicht die Chance – oder es gelingt uns nicht, die Absicht zu erzeugen – (C) Gestalt zu verleihen.

Achten Sie also auf die subtilen Zeichen und Botschaften, die aus einem Winkel von 90 Grad auf Sie zuzukommen scheinen. Prüfen Sie sie daraufhin, ob sie eine Bedeutung haben. Gehen Sie kritisch oder sogar skeptisch an die Sache heran, damit Sie nicht hinter jeder Kleinigkeit ein Zeichen sehen. Als Faustregel gilt: Sie können jene Dinge weiter verfolgen, die sich dreimal ereignet haben und bei denen der Bezug zu Ihnen zu stark ist, um ignoriert zu werden.

2. B halbherzig verfolgen

Die andere Seite derselben Medaille besteht darin, (B) halbherzig zu verfolgen. Wenn wir mit wenig Energie auf die Reise gehen, dann ist nicht genug Schubkraft da, um (C) zu kreieren. Wir müssen dem göttlichen Geist etwas geben, womit er arbeiten kann. Konzentrieren Sie sich absichtsvoll und mit voller Kraft auf (B), und bleiben Sie gleichzeitig offen für das, was vielleicht von der Seite dazustoßen möchte.

3. Kneifen

Wenn wir unser gesamtes bisheriges Leben an ein Paradigma geglaubt haben, das nicht nur funktionierte, sondern auch offensichtlich wahr zu sein schien, fällt es uns sehr schwer, uns einem völlig anderen Paradigma anzuvertrauen, mit dem wir persönlich noch keine positiven Erfahrungen gemacht haben. Noch dazu scheint das neue Paradigma – intellektuell betrachtet – geradezu lächerlich weit hergeholt zu sein. So überrascht es nicht, dass wir – wenn es darauf ankommt – auf etwas Sicheres und Altvertrautes zurückgreifen und in die alte Denkweise zurückfallen. Machen wir uns doch nichts vor: Unser Vertrauen in die Fülle des Universums ist leicht zu erschüttern. Und wie wir im letzten Kapitel gesehen haben, ist es uns nahezu unmöglich, den Wunsch loszulassen, etwas habe genau so zu sein, wie wir uns das vorstellen.

Jerry Stocking ist ein spiritueller Lehrer und Autor des Buches *How to Win by Quitting*. In diesem Buch rät er, zu kündigen, wenn man mit seiner Arbeit nicht glücklich ist. Die grundlegende Botschaft lautet: „Kündigen Sie, bevor Sie etwas Neues haben." Er geht davon aus, dass man dem Leben (göttlichen Geist) die Möglichkeit nimmt, einem das zu schenken, was man aus Mangel an Fantasie nicht für sich selbst kreieren kann, wenn man eine neue Stelle sucht, *bevor* man kündigt. Es geht darum, den göttlichen Geist die ideale Tätigkeit für einen finden zu lassen. Das heißt: Werfen Sie jegliche Vorstellung, wie etwas in Erscheinung treten könnte, über Bord und lassen Sie Ihr Bedürfnis, Ihr Leben im Griff zu haben, los. Wagen Sie voller Glauben, Vertrauen und mit viel spirituellem Mut den Sprung ins Ungewisse.

Angesichts dieser Herausforderung lassen wir uns viel einfallen, um durch die Rückkehr zum alten und vertrauten Paradigma wieder sicheren Boden unter den Füßen zu gewinnen, und sabotieren dadurch unsere Fähigkeit zur Manifestation. Im Folgenden möchte ich Ihnen einige Beispiele für diesen Mechanismus vorstellen.

a) Erwartungen minimieren

Indem ich meine Erwartungen minimiere, gehe ich auf Nummer sicher. Ich bin dann kaum enttäuscht und es ist mir nicht peinlich, wenn etwas nicht eintrifft. Diese Einstellung wird häufig mit Nicht-Anhaftung verwechselt, ist aber etwas völlig anderes. Sie hat mehr mit Resignation oder halbherzigen Absichten zu tun; sie stößt das, worum wir gebeten haben, eher ab, als dass sie es anzieht. Wenn wir uns von vornherein darauf einstellen, wir könnten das, worum wir gebeten haben, möglicherweise nicht bekommen, töten wir damit wirkungsvoll unsere Absicht.

b) Die Geduld verlieren und wieder die Regie übernehmen

Wegen unseres Mangels an Vertrauen fällt es uns schwer, uns über längere Zeit wirklich hinzugeben. Wenn wir das, was wir uns wünschen, nicht innerhalb des Zeitraums bekommen, den wir in unserer Absicht genannt haben, gehen wir leicht davon aus, das Universum habe nicht zugehört, sich verhört oder einen Fehler gemacht. Am schlimmsten ist es, wenn wir selbst wieder die Regie und damit die Verantwortung dafür übernehmen, das Gewünschte zu Wege zu bringen. Doch so weit brauchen wir gar nicht zu gehen. Zweifel allein kann den Prozess schon zum Stocken bringen. Hingabe ist Hingabe. Da gibt es kein Zurück.

c) Von Angst bestimmte „Was-wäre-wenn-Szenarien“ erzeugen

„Was, wenn ich kündige und nichts Neues finde?“, „Was, wenn ich etwas bekomme, das mir nicht zusagt?“, „Was, wenn ich wegen der Nicht-Anhaftung meinen Biss verliere, faul und gleichgültig dem Leben gegenüber werde?“, „Was, wenn ich die Zeichen nicht erkenne?“

Hinter all diesen „Was-wäre-wenn-Geschichten“ steht die Angst, die Kontrolle zu verlieren. Das ist für viele Menschen ein wichtiges Thema. Für sie ist Nicht-Anhaftung gleichbedeutend mit „Kontrolle verlieren“. Allerdings ist es ja so, dass wir die Fäden nie wirklich in der Hand hatten; die hielt immer unser höheres Selbst in der Hand. Uns muss klar sein: Alles funktioniert viel besser, wenn wir dem höheren Selbst nicht in die Quere kommen und es einfach seine Arbeit machen lassen.

Ester und Jerry Hicks beschreiben in ihren Büchern *Wünschen und bekommen – Wie Sie Ihre Sehnsüchte erfüllen* und *Wunscherfüllung – Die 22 Methoden* mit Durchsagen des Geistwesens

Abraham sehr nützliche Methoden. Eine davon, die man jeden Tag anwenden sollte, um die richtige Einstellung gegenüber diesem Thema zu entwickeln, ist „Das Set“, eine Art To-Do-Liste.

Das Besondere an der Liste ist die Unterteilung in zwei Spalten. Rechts wird aufgeschrieben, was Gott tun soll. Links notiert man das, was man selbst tun muss. Sie übergeben alle großen und wichtigen Aufgaben Gott (bzw. Ihrem höheren Selbst) und kümmern sich nur um das, was konkret ansteht.

TO-DO-LISTE

Meine Aufgaben	Aufgaben für Gott
1. Müll rausbringen	
2. Liste mit den Eigenschaften, die mein Geschäftspartner haben soll, anfertigen	1. Meinen idealen Geschäftspartner finden
3. E-Mails lesen und beantworten	2. Die richtigen Verbindungen für mich schaffen, damit ich anderen Menschen zu Diensten sein kann
4. Die morgige Vorstandssitzung, wo es möglicherweise heiß hergehen wird, planen	4. Sich um die wichtigen Dinge der Vorstandssitzung kümmern, so dass für jeden das Höchste und Beste dabei herauskommt

Auf diese Weise tun Sie das, was aus weltlicher und menschlicher Sicht im Alltag getan werden muss, und wissen gleichzeitig, alle wirklich wichtigen Dinge werden vom Universum übernommen. Ihr Beitrag ist vergleichsweise gering, doch dadurch, dass Sie so viel von dem, was wirklich wichtig und unergründlich ist,

Ihrem höheren Selbst anvertraut haben, tragen Sie unermesslich viel dazu bei, ein gutes Ergebnis zu ermöglichen – viel mehr, als wenn Sie versucht hätten, alles selbst in die Hand zu nehmen. Ihre wahre Leistung besteht in Ihrer Bereitschaft, dem Universum die Regie zu überlassen und dem Prozess zu vertrauen.

d) Ihre Schwingung senken

Wenn Ihre Schwingung hoch ist, können Sie alles, was Sie möchten, aus der impliziten Ordnung hervorholen. Wenn Ihr Energiefeld aber mit toxischen Mustern belastet ist, die Ihre Schwingung senken, ist das viel schwieriger, wenn nicht gar unmöglich. Im Folgenden beschreibe ich einige Möglichkeiten, wie man unbewusst seine Schwingung senken und sich dadurch selbst sabotieren kann.

i. Mit den falschen Menschen sprechen

Wenn Sie mit Skeptikern und Menschen, die noch dem alten Paradigma verhaftet sind, über Ihre Träume sprechen, dürfen Sie nicht überrascht sein, wenn Ihre Träume nicht wahr werden. Zweifel sind ansteckend, selbst wenn die Zweifler verbal nichts Negatives äußern. Allein deren Energie fügt Ihrer Intentionalität großen Schaden zu.

Was das anbelangt, können selbst die besten Freunde die größten Feinde sein. Das bekam ich Anfang der 1990er Jahre am eigenen Leib zu spüren, als ich mich in großen finanziellen Schwierigkeiten befand. Damals verbrachte ich viel Zeit mit tollen Menschen, die wie ich ihre Realität selbst kreieren wollten. Beim Thema „Wohlstand" taten sie sich aber genauso schwer wie ich.

Eines Tages kam uns der Gedanke, dass wir uns möglicherweise gegenseitig dabei unterstützten, das Problem aufrechtzuerhalten.

Beim genaueren Hinschauen merkten wir: Jedes Mal, wenn einer von uns auf Erfolgskurs zu gehen schien, verspürten wir anderen einen Anflug von Eifersucht oder Neid in uns. Dann machte sich folgende Befürchtung in uns breit: „Wenn er auf Erfolgskurs geht, dann bleibe ich mit meiner Erfolglosigkeit alleine zurück." Mit Worten erklärten wir zwar, dass wir uns für den Betreffenden freuten und sein Vorankommen unterstützen – doch unsere Energie vermittelte etwas anderes. Im Grunde unseres Herzens wünschten wir uns, keiner von uns möge sich verändern, damit wir uns und unser Unglück weiter gegenseitig bemitleiden konnten. Darin wurden wir Experten.

Schließlich beschlossen wir, als Gruppe ein Wochenende in den Bergen in Klausur zu gehen, um eine Lösung für diese Problematik zu finden. Wir wollten herausfinden, wie wir unsere Ängste und Themen, die uns klein hielten, überwinden konnten. Die ersten anderthalb Tage gestalteten sich sehr schwierig und unerfreulich. Doch dann öffnete sich einer von uns und ließ uns an dem teilhaben, was sein Herz bewegte. Dadurch konnten sich auch die anderen hingeben und loslassen. Nach diesem Wochenende in Klausur begannen wir alle, große Chancen zu manifestieren und im Leben voranzukommen. Die „Gruppensabotage" hatte endlich ausgedient.

ii. Gefühle leugnen

Der Durchbruch in der oben beschriebenen Geschichte war durch zwei Wendepunkte möglich. Der erste Wendepunkt war die Erkenntnis, dass wir tief in uns eifersüchtig, neidisch und ängstlich wurden, wenn jemand aus unserer Gruppe auf Erfolgskurs zu gehen schien. Der zweite Wendepunkt war der Moment, als wir uns über unsere Gefühle und deren mögliche Hintergründe auszutauschen begannen.

Hören Sie auf Ihre Gefühle. Sie sind sehr aufschlussreich, und mit ihrer Hilfe können Sie jene negativen Grundüberzeugungen aufdecken, die Sie ansonsten behindern würden. Das können Glaubenssätze sein wie „Ich verdiene es nicht, reich zu sein“ oder „Ich bin es nicht wert“ usw.

iii. Zweifel leugnen

Das größte Hindernis für die Verwirklichung Ihrer Träume sind Ihre eigenen Zweifel. Sie müssen diese Zweifel erkennen, annehmen und ihrer gewahr sein, um sie loslassen zu können. Das Gegenmittel gegen Zweifel sind Erfolgserlebnisse, auch wenn sich der Erfolg zunächst in kleinen Schritten einstellt (siehe nächstes Kapitel).

iv. An der Vergangenheit festhalten

Nichts senkt Ihre Schwingung mehr als die Weigerung, Ihre Opfergeschichte hinter sich zu lassen. Mit „Opfergeschichte“ meine ich, dass Sie sich aufgrund von Ereignissen aus der Vergangenheit, die für Sie noch mit Groll, Bedauern, Enttäuschung, Wut, Traurigkeit, Trauer usw. verbunden sind, als Opfer sehen. Eine der Hauptbotschaften dieses Buches lautet: Am Anfang muss die *Radikale Vergebung* stehen. Das bedeutet: Transformieren Sie Ihre Opfergeschichte. Sie sind bereit, die Vollkommenheit in dem Geschehenen zu sehen, und Sie erkennen, dass es nichts zu vergeben gibt.

11: Stützräder

Wenn Ihnen eine Fertigkeit erst einmal in Fleisch und Blut übergegangen ist, dann fällt es schwer, sie wieder zu verlernen, um sie durch eine andere zu ersetzen. Wir sind nach Jahrhunderten des Trainings Meister in der Kunst, „irgendwie durchzukommen", und wir sind sehr geübt und geschickt darin, Mangel und Beschränkungen zu kreieren.

Da ist es natürlich kein Kinderspiel, diese Kunst durch die Fähigkeit zu ersetzen, Fülle zu manifestieren. Das müssen wir erst lernen. Da die meisten von uns ursprünglich dem alten Paradigma mit seinem Mangel und seinen Beschränkungen verbunden waren, wird die Lernkurve natürlich steil sein. Wenn wir die Kunst der Manifestation erlernen möchten, müssen wir unser Wissen über Fertigkeiten und deren Erwerb auf diesen Prozess anwenden.

Jede Fertigkeit hat auch eine kognitive Komponente. Die *Radikale Manifestation* stellt hier keine Ausnahme dar. Wir müssen uns diese kognitive Komponente bewusst machen. Um Erfolg zu haben, reicht es nicht, das alte Paradigma durch ein anderes ersetzen – wir müssen auch lebenslange Gewohnheiten ändern. Dazu sollten wir uns zuerst mit den Grundlagen der *Radikalen Vergebung* befassen, denn sie bilden den metaphysischen Rahmen für *Radikale Selbstermächtigung* und *Radikale Manifestation*.

Bei einer Fertigkeit handelt es sich – neben grundlegenden Kenntnissen – definitionsgemäß um eine Abfolge hoch komplexer Handlungen. Beherrscht man diese, wird daraus eine einzigartige Kombination von Bewegungen und Ausführungsschritten. Dazu muss man jeden Bestandteil der Fertigkeit einzeln lernen, bevor man die einzelnen Elemente zu einer Abfolge von Operationen kombiniert. Wir gliedern also eine Fertigkeit zunächst in verschiedene einfache Teilschritte. Dann geht es darum, sich unter Bedingungen, die den Lernprozess fördern und bei denen das Risiko eines Fehlschlags minimal ist, darin zu üben, diese Teilschritte miteinander zu kombinieren.

Die grundlegenden Elemente der Fertigkeit, die für *Radikale Manifestation* erforderlich ist, habe ich bereits beschrieben. Zur Erinnerung möchte ich sie hier noch einmal kurz auflisten:

- sich darüber klar werden, was Sie wollen
- begründen, warum Sie es wollen
- visualisieren, dass Sie es bereits haben
- bestätigen, dass Sie es jetzt haben
- die damit verbundene Dankbarkeit empfinden
- die Absicht von der Basisebene auf die nächst höhere Ebene anheben
- die Absicht dem göttlichen Geist anvertrauen und aufhören, es haben zu wollen.

In Anbetracht unserer Skepsis und Zweifel würden wir unser Können in der Kunst der Manifestation über Gebühr strapazieren, wenn wir versuchten, all diese verschiedenen Schritte auf etwas anzuwenden, das sich völlig außerhalb unseres Erfahrungsschatzes befindet.

Einmal angenommen, Sie leben gegenwärtig in einer Einzimmerwohnung in einem sozialen Brennpunkt und versuchen, eine Luxusvilla am Strand auf einer exotischen Insel zu manifestieren. Das funktioniert nicht. Es ist in etwa so, als würden Sie ein Buch über Segelfliegen lesen und sich dann an das Steuer einer Boeing 747 setzen, weil Sie glauben, diese fliegen zu können.

Politik der kleinen Schritte

Entwickeln Sie die Fertigkeit lieber langsam, in kleinen Schritten. Üben Sie häufig mit kleinen Dingen. Mein Tipp: Formulieren Sie jeden Tag beim Aufstehen eine einfache Absicht. Lassen Sie dann abends kurz vor dem Schlafengehen den Tag Revue passieren und machen Sie sich bewusst, inwieweit Sie diese Absicht in Ihre Welt angezogen haben. Machen Sie sich dies zur Gewohnheit.

Anfangs können Sie beispielsweise die Absicht formulieren, dass Ihnen heute viele Menschen zulächeln oder etwas Wertschätzendes sagen. Achten Sie darauf, wann dies der Fall ist. Abends, wenn Sie den Tag Revue passieren lassen, können Sie dann in Ihrem Tagebuch Notizen über die Menschen machen, die Ihnen besonders in Erinnerung geblieben sind.

Wählen Sie Dinge aus, die Sie mögen oder zu denen Sie persönlich eine Affinität verspüren. Formulieren Sie dann die Absicht, diese Dinge an einem bestimmten Tag in Ihrem Leben zu manifestieren, und achten Sie darauf, ob dies geschieht. Einmal angenommen, Sie mögen Eichhörnchen ganz besonders. Formulieren Sie die Absicht, dass heute mindestens eins in Ihrer Nähe auftauchen wird. Setzen Sie alle einzelnen Teilschritte der Fertigkeit ein, die Sie beherrschen, um Ihre Absicht mit Energie aufzuladen, und achten Sie darauf, ob ein Eichhörnchen auftaucht. Wenn mehr als eines auftaucht, umso besser. Notieren Sie das in Ihrem Tagebuch, und beglückwünschen Sie sich dazu, das Eichhörnchen kreiert zu haben. Tun Sie das nicht als reinen Zufall oder bloßes Glück ab. Das wäre nur eine andere Art der Selbstsabotage.

Zunehmender Erfolg

Wenn man eine neue Fertigkeit erlernt, ist es wichtig, in jedem Stadium für zunehmend größere Erfolgserlebnisse zu sorgen, um so Zutrauen und inneren Glauben zu entwickeln. Formulieren Sie anfangs Absichten, bei denen die Wahrscheinlichkeit, dass sie sich erfüllen, relativ hoch ist. Die Absicht mit dem Eichhörnchen ist z. B. gut geeignet, wenn Sie auf dem Weg zur Arbeit durch einen Park gehen. Ihre Anziehungskraft muss dann nicht besonders ausgeprägt sein, damit ein Eichhörnchen auftaucht. Verbringen Sie dagegen den gesamten Weg zur Arbeit in der U-Bahn, braucht es jede Menge Anziehungskraft, damit ein Eichhörnchen Ihren Weg kreuzt. Unrealistische Absichten und Ziele zu formulieren, ist eine weit verbreitete Form der Selbstsabotage.

Parkplätze kreieren

Als die Vorstellung, dass wir unsere eigene Realität erschaffen, in den 1980ern und 1990ern in bestimmten Kreisen Fuß fasste, wurde es Mode, sich einen Parkplatz zu kreieren, wann immer und wo immer man einen benötigte. Man brüstete sich vor Freunden damit, immer einen Parkplatz kreieren zu können. Ansonsten mochte das Leben ein einziges Chaos sein – aber man konnte einen Parkplatz kreieren!

Auch wenn diese Technik inzwischen etwas aus der Mode gekommen ist, kann es doch interessant sein, sich dieser Herausforderung zu stellen, sofern Parkplätze bei Ihnen rar und meist schwer zu finden sind. Achten Sie einfach darauf, wie oft es Ihnen gelingt, den perfekten Parkplatz genau dann zu kreieren, wenn Sie ihn brauchen. Wenn die Parkplatzsuche in Ihrem Umfeld keine Herausforderung ist, dann überlegen Sie sich etwas Ähnliches, mit dem Sie üben können.

Die Herausforderung langsam steigern

Wenn Ihre Erfolgsquote beim Manifestieren von Lächeln, Eichhörnchen, Parkplätzen – und allem anderen, was Sie manifestieren möchten – steigt, können Sie den Schwierigkeitsgrad leicht erhöhen. Bleiben Sie dabei zunächst noch bei Absichten, die Erfolg versprechend und eher unwichtig sind. Setzen Sie sich nicht unter Druck.

Wahrscheinlich müssen Sie mehrere Monate auf dieser Ebene üben, damit Sie auf der Grundlage dieses Erfahrungsschatzes Zutrauen in sich aufbauen können. Führen Sie Tagebuch, und notieren Sie, wie sich Ihre Fertigkeit und Fähigkeit verbessern. Erhöhen Sie die Herausforderung in dem Maß, in dem Ihr Zutrauen wächst und Ihr Zweifel schwindet.

Dann können Sie beginnen, mit folgenschwereren und bedeutsameren Absichten zu arbeiten – mit Absichten, bei denen Sie die erforderliche Anziehungskraft nicht ganz so leicht aufbauen können und bei denen Sie emotional involviert sind. Jetzt sind Sie an dem Punkt angekommen, wo Sie die einzelnen Teilschritte endgültig zusammenfügen und langsam Ihre Meisterschaft in *Radikaler Manifestation* unter Beweis stellen können.

12: Ein Bild sagt mehr als tausend Worte

Bei der Arbeit mit *Radikaler Manifestation* geht es, wie bereits beschrieben, in erster Linie darum, nicht im Weg zu stehen. Genauer gesagt geht es darum, dass der Verstand der spirituellen Intelligenz nicht im Weg steht, damit diese – gemeinsam mit der universellen Intelligenz – den göttlichen Tanz der Schöpfung vollführen kann.

Eine der ältesten Methoden, dies zu bewerkstelligen, sind visuelle Botschaften, in denen das symbolisiert wird, was wir anziehen möchten. Bilder, Mandalas, Skizzen, Collagen und Ähnliches helfen uns, den Verstand zu umgehen und stattdessen andere Teile unserer Psyche einzubeziehen, die mit unserer spirituellen Intelligenz verbunden sind.

„Schatzkarten" zeichnen

In diesem Zusammenhang möchte ich wieder die 1980er und 1990er Jahre bemühen. Damals war es sehr beliebt, so genannte „Schatzkarten" zu zeichnen. Dazu hat man einen Stapel Zeitschriften durchgeblättert und Bilder und grafische Symbole ausgeschnitten, die einem in Zusammenhang mit dem, was man in seinem Leben kreieren wollte, bedeutsam erschienen. Dann klebte man die ausgeschnittenen Bilder auf eine großes Stück Pappe und bewahrte die fertige Collage als optische Erinnerung an seine Träume zu Hause auf.

Andere Menschen wiederum malten einfach mit Buntstiften, Filzstiften und anderen Zeichenstiften ein Bild, in dem alles enthalten war, was sie kreieren wollten. Wichtig war nur, das Bild bunt und ansprechend zu gestalten.

Es war ratsam, das fertige Werk mehr oder weniger zu vergessen oder zumindest für einige Monate nicht anzuschauen. Wenn man es dann später betrachtete, stellte man überrascht fest, in welchem Maß sich die in der Collage bzw. im Bild dargestellten Träume bereits verwirklicht hatten.

Ohne die Schatzkarte wäre man vielleicht einfach davon ausgegangen, diese Träume seien durch die ganz normalen Umstände des Lebens wahr geworden. Sah man sie aber als ursprüngliche Absicht auf der Schatzkarte, wurde einem klar, dass sie vor noch nicht allzu langer Zeit nichts weiter als Ideen – Vorstellungen im Bewusstsein – waren. So fragte man sich: Hatte man sie nicht doch aktiv durch das Gesetz der Anziehung herbeigerufen?

Vor einigen Jahren überlegten meine Frau JoAnn und ich, Land zu kaufen und darauf ein aus zwei Teilen bestehendes Haus zu bauen. Es sollte einen privaten Wohnbereich geben und einen Teil mit unseren Büros, dem Aufnahmestudio und Räumlichkeiten für Workshops. Wir zeichneten eine kleine Skizze von unserer Idee auf einen Zettel, auf dem wir schon viele andere Sachen notiert hatten. Diesen Zettel hängten wir dann an die Rückseite unserer Schlafzimmertür. Aus dem Vorhaben wurde nichts. Es war eine dieser Ideen, die einfach wieder in Vergessenheit geraten – zumindest erweckte es den Anschein. Erst als wir vor kurzem wieder einen Blick auf die Zeichnung warfen, erkannten wir, dass sich unser Vorhaben doch manifestiert hatte.

Das hat folgenden Hintergrund: Letztes Jahr kauften wir die nötigen Geräte, um DVDs für Schulungen zu erstellen. Leider hatten wir bei uns zu Hause nicht ausreichend Platz für ein Aufnahmestudio. Daher baten wir das Universum um eine Lösung, und wie der Zufall es wollte, wurden kurz darauf Nachmieter für das Nachbarhaus gesucht. Gleichzeitig suchte Dana, die mich bei der Lancierung unseres Programms für Unternehmen unterstützen wollte, eine Unterkunft – sie zog als neue Mitarbeiterin von Phoenix nach Atlanta. Das Nachbarhaus war die ideale Lösung für uns beide. Dana zog in das Haus und richtete sich dort ein Home Office ein. Wir mieteten eines ihrer Zimmer als Studio an und lagerten einen Großteil unseres Inventars in der Garage. Es war zwar nicht exakt das, was wir uns ursprünglich vorgestellt hatten, doch kam es der Sache insgesamt so nahe, dass es schon fast unheimlich war. Diese Lösung war für unsere Zwecke perfekt.

Unsere Gebete waren in der Tat erhört worden. Das war uns nur zunächst entgangen, weil sie nicht in exakt der Form erhört worden waren, die wir uns vorgestellt hatten. Im Prinzip hatten wir die perfekte Lösung angezogen, ohne umziehen zu müssen oder viel Energie, Zeit und Geld in einen Hausbau stecken zu müssen. Gott sei Dank!

TEIL IV
Geld manifestieren

13: Geld und Achtsamkeit

Ich möchte Sie zu einem Experiment einladen – einem Test Ihrer „Achtsamkeit".

Mit „Achtsamkeit" meine ich in diesem Zusammenhang Ihre Fähigkeit, die Gedanken zu beobachten, die Ihnen durch den Kopf schießen. Gedanken können Gefühle im Körper auslösen. Bei Achtsamkeit geht es also auch darum, bewusst zu spüren, welche Reaktionen die Gedanken, die Ihnen durch den Kopf gehen, im Körper auslösen.

Machen Sie mit? Gut.

Dann blättern Sie ***JETZT*** um!

Geld ist

____

(Vervollständigen Sie diesen Satz.)

Welche(s) Wort(e) bzw. Wendung(en) zur Vervollständigung des Satzes kamen Ihnen spontan in den Sinn?

____

____

____

Welche sind Ihnen zuerst eingefallen?

____

____

____

Welche haben Sie zensiert und nicht notiert?

____

____

____

Welche Gedanken gingen Ihnen durch den Kopf?

____

____

____

Stand jeder neue Gedanke in Widerstreit mit dem Gedanken davor? Falls ja, um welche Art von Widerstreit handelte es sich?

____

____

____

Welche Gefühle tauchten in Ihrem Körper auf?

____

____

____

Wo in Ihrem Körper haben Sie sie wahrgenommen?

____

____

Legen Sie die Hand an die Stelle Ihres Körpers, wo Sie die Gefühle am deutlichsten gespürt haben.

____

Sprechen Sie ohne Nachzudenken das Wort „Geld“
laut aus – JETZT.

Haben Sie gehört, wie Sie das gesagt haben? Die Betonung?
Den Tonfall?

Machen Sie drei Sekunden Pause, und wiederholen Sie „Geld“.

Machen Sie drei Sekunden Pause, und wiederholen Sie „Geld“.

Machen Sie drei Sekunden Pause, und wiederholen Sie „Geld“.

Machen Sie drei Sekunden Pause, und wiederholen Sie „Geld“.

Jetzt haben Sie das Wort „Geld“ fünfmal ausgesprochen. Rufen Sie sich nun mit Hilfe Ihres Hörgedächtnisses im Detail in Erinnerung, wie Sie das Wort „Geld“ jedes Mal gesagt haben.

Fallen Ihnen Unterschiede auf?

____

____

Was haben Sie daraus, WIE Sie es gesagt haben, herausgehört?

____

____

____

Welche Bedeutung schwang jeweils mit?

____

____

____

Welche Gefühle tauchten jeweils auf?

____

____

____

Was fühlen Sie jetzt gerade?________________________
Sind die Gefühle in einen anderen Bereich
Ihres Körpers gewandert?

Was haben Sie über Ihre Gefühle im Hinblick auf Geld erfahren? (Nehmen Sie sich einen Augenblick Zeit, und notieren Sie Ihre Erkenntnisse, bevor Sie fortfahren.)

____

____

____

Notizen:

Damit ist die eigentliche Aufgabe beendet. Ich möchte Sie aber einladen, auch beim Lesen der folgenden Seiten weiter auf Ihre Gedanken und Gefühle zu achten. Achtsamkeit ist der erste Schritt, um negative Gedanken, Vorstellungen und Überzeugungen im Hinblick auf Geld, die möglicherweise in Ihrem Unterbewusstsein vorhanden sind, zu „deprogrammieren" und eine positive Einstellung zu stärken.

14: Von Schlangen, Haien und Geld

Auf der ganzen Welt gibt es kaum Menschen, die nicht stark emotional auf Schlangen reagieren. Ein paar wenige Menschen mögen Schlangen, aber die überwiegende Mehrheit hat panische Angst vor Schlangen und hasst sie abgrundtief. Ich gehöre zu dieser Mehrheit.

Vor diesem Hintergrund ist interessant, dass die Zahl der durch Schlangenbisse verursachten Todesfälle im Vergleich zur Zahl der Todesopfer, die beispielsweise Autounfälle fordern, verschwindend gering ist. Nur sehr wenig Schlangen sind von Natur aus aggressiv. Die meisten vermeiden den Kontakt zu Menschen um jeden Preis und beißen nur, um sich zu verteidigen.

Auf Haie reagieren wir ähnlich wie auf Schlangen. Schon der Anblick eines Weißen Hais, wie er im Wasser seine Bahnen zieht, reicht aus, um uns schaudern zu lassen – auch wenn es nur im Fernsehen ist. Dieses Geschöpf ist für fast alle Menschen der Inbegriff des Bösen und ruft entsprechend große Angst und Hassgefühle hervor.

Tatsache ist allerdings, dass jährlich kaum eine Handvoll Menschen von Haien getötet wird. Angriffe von Haien sind äußerst selten. Außerdem weist alles darauf hin, dass Haie angreifen, weil ein Mensch auf einem Surfbrett von unten betrachtet wie ein Seehund aussieht. Bei den meisten Angriffen handelt es sich also um ein „Versehen“ des Hais.

Irrationale Angst

Unsere emotionale Reaktion auf diese Geschöpfe ist eindeutig völlig irrational, unbegründet, ungerechtfertigt und steht in keiner Relation zu der (minimalen) Bedrohung, die sie darstellen. Es ist noch nicht ausreichend erforscht, warum wir diese tiefe, universale Angst vor Schlangen haben, obwohl die meisten von uns ja nie einer begegnen. Fest steht nur: Diese Angst ist durch und durch instinktiv, archaisch und real. Unsere Angst vor Haien dagegen ist wohl eher den entsprechenden Filmen und den reißerischen Aufmachern in den Medien zuzuschreiben.

Emotionale Reaktionen auf Geld

Geld ruft mindestens genauso intensive und genauso viele – wenn nicht mehr – irrationale emotionale Reaktionen hervor wie Haie und Schlangen. So wie wir Schlangen hassen und Haie fürchten, verbinden wir Geld auch mit dieser Art (wenn auch verkappter) Furcht. Wir glauben, Geld zu lieben, aber genau das Gegenteil ist der Fall: Geld ruft allgemein Angst hervor. Unbewusst meiden wir Geld genauso, wie wir die giftigsten Schlangen und aggressivsten Haie meiden.

(Interessanterweise werden hinterlistige Frauen gerne als „falsche Schlangen“ bezeichnet und Geldverleiher, die überhöhte Zinsen verlangen, als „Kredithaie“. Ein Umfeld, in dem jeder gegen jeden kämpft, titulieren wir als „Haifischbecken“.)

Die Wohlhabenden

Sie fragen sich jetzt vielleicht, was es dann mit all den Menschen auf sich hat, die ziemlich betucht zu sein scheinen? Hassen auch sie Geld?

Wahrscheinlich schon, denn zumindest in den USA haben die meisten Wohlhabenden Hypotheken bis über beide Ohren und immense Kreditkartenschulden. Sie haben sich ihr Leben so gestaltet, dass sie in ziemlichen Schwierigkeiten wären, wenn sich an den Rahmenbedingungen etwas änderte und sie beispielsweise arbeitslos oder insolvent würden. Sie hassen Geld, weil es ihnen jederzeit entzogen werden und ihr Kartenhaus zum Einsturz bringen kann. Sie geben ein Vermögen für Versicherungen und Anwälte aus – und hassen beides.

Auf Messers Schneide

Die Wohlhabenden leben das Leben von Surfern, doch im Gegensatz zu Haifischen sind Kredithaie wirklich gefährlich für das Wohlergehen. Da können Sie jeden fragen, der schon einmal seine Kreditkartenschulden nicht begleichen konnte! Wenn Sie ein Haifisch beißt, dann spuckt er Sie normalerweise zumindest schnell wieder aus, wenn er merkt, dass Sie kein Seehund sind! Kreditkartenunternehmen dagegen nagen so lange an Ihnen, bis nichts mehr von Ihnen übrig ist.

Die Reichen

Selbst unter den Superreichen, die finanziell in jeder Hinsicht abgesichert zu sein scheinen, gibt es Menschen, die entsetzliche Angst haben, ihr Geld zu verlieren, und sich verhalten, als hätten sie nie genug davon. Sie hassen Geld, weil es sie besitzt und verzehrt (Geld scheinen diejenigen am meisten genießen zu können, die einfach aus Freude am Geben gerne viel davon abgeben. Aber solche Menschen sind rar gesät. Die meisten Reichen geben Geld lediglich ab, um Steuern zu sparen, um zu bekommen, was sie wollen, oder um andere zu beeinflussen).

Menschen, die „Geld lieben“

Die Formulierung „Geld lieben“ wenden wir nur auf Menschen an, die von Geld *besessen* sind. Sie glauben, Geld an sich habe einen immanenten Wert, und wiegen sich (fälschlicherweise) in dem Glauben, es werde ihnen umso besser gehen, je mehr Geld sie haben. Das tut es nicht. Ebenezer Scrooge, der grantige alte Geizhals aus Charles Dickens' *A Christmas Carol* (*Eine Weihnachtsgeschichte*) liebte Geld, bis ihm vor Augen geführt wurde, was es mit ihm und seinen Mitmenschen machte. Und denken Sie nur daran, was mit dem phrygischen König Midas geschah!

Mit Schlangen und Haien leben

In Regionen wie Afrika und Australien, wo es viele Schlangen gibt, arrangieren sich die Menschen damit. Sie betrachten Schlangen als Teil der natürlichen Ordnung und tolerieren sie in diesem Rahmen. Surfer ihrerseits gehen bewusst ein kalkuliertes Risiko ein. Da sie so gerne surfen, begeben sie sich zum Surfen ins Wasser, obwohl sie sich dadurch der Gefahr aussetzen, mit einem Seehund verwechselt zu werden.

Ein notwendiges Übel

Ähnlich tolerieren wir die Vorstellung, dass wir Geld brauchen, obwohl wir es hassen. Manche Leute bezeichnen Geld sogar als „notwendiges Übel" oder betrachten es als die „Wurzel allen Übels".

Um unseren Glauben an Mangel zu bestätigen und uns davor zu schützen, von Fülle überwältigt zu werden, stellen die meisten von uns sicher, dass wir gerade ausreichend Geld haben, um durchzukommen, und kaum mehr – Woche für Woche, Monat für Monat, Jahr für Jahr.

(Hinweis: Ich beziehe mich hier nicht auf Gesellschaften mit extremer Armut, wo praktisch kein Geld im Umlauf ist und beinahe jeder ein Hungerdasein fristet. Ich spreche vom Leben in Wirtschaftssystemen mit relativ intaktem Geldstrom.)

Diese Aussage ist schockierend und gleichzeitig wahr. Wie viel „genug, um durchzukommen" ist, darüber scheiden sich die Geister. Doch auf alle Fälle sind wir Meister in dem Spiel, gerade genug zu haben, um unsere Grundbedürfnisse zu befriedigen. Wenn etwas übrig bleibt, dann verprassen wir es schnellstmöglich.

Obdachlos

Jede Sekunde bewegen sich Unsummen über den Globus, und dieses Geld vervielfacht sich ständig. Trotzdem ziehen die meisten Menschen gerade mal genug davon an, um nicht obdachlos zu werden. In der Tat werden nur verschwindend wenig Personen obdachlos. Woran liegt das?

Die meisten Menschen gehen davon aus, dass es von einer Fülle äußerer Umstände – über die man keinerlei Kontrolle hat – abhängt, wie viel Geld einem zur Verfügung steht. Dann stellt sich freilich die Frage, warum die Umstände nicht mehr Menschen zu Obdachlosen machen, wo der Grat zwischen „gerade noch so durchkommen" und Obdachlosigkeit doch so schmal ist. Und er ist extrem schmal, wenn man bedenkt, wie groß der Bereich des Möglichen bzw. die Pufferzone insgesamt eigentlich ist.

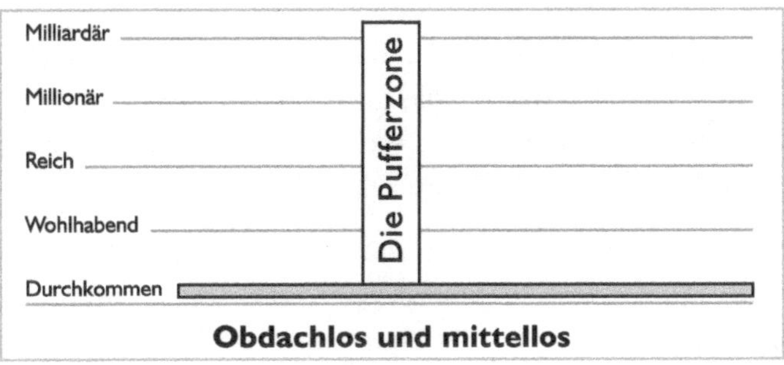

Abb. 10: **Die Pufferzone**

Einmal angenommen, es wäre wirklich so, dass allein äußere wirtschaftliche Umstände ausschlaggebend dafür sind, auf welcher Ebene der Skala wir uns befinden. Wenn wir uns dann vor Augen führen, dass wir in der gesamten Arena – auf der ganzen Palette vom bloßen Durchkommen bis hin zum Milliardär – mitspielen können, ist es dann nicht seltsam, dass wir unser ganzes Leben auf dem schmalen Grat zwischen „Durchkommen“ und „Mittellos“ verbringen können, ohne unterzugehen?

Da müsste doch eigentlich schon der kleinste Fehler ausreichen, um uns unter oder auch über diesen Grenzbereich zu katapultieren. Müssten wir nicht regelmäßig obdachlos werden, wenn alles vom Zufall und der jeweiligen gesamtwirtschaftlichen Lage abhinge? Ein marktwirtschaftliches System ist so voller Dynamik und Bewegung, dass wir als „grundlegende Einheit der ökonomischen Aktivität“ wie Jo-Jos in die und aus der Obdachlosigkeit springen würden – gäbe es da nicht noch etwas anderes.

Feinsteuerung

Glauben Sie nicht auch, dass noch ein weiterer Faktor im Spiel ist, der unsere individuelle finanzielle Lage weitaus genauer und feiner steuert, als es die allgemeinen, makroökonomischen Faktoren der Wirtschaft vermögen? Natürlich gibt es diesen Faktor, und Sie wissen nur allzu gut, wer das ist: Sie selbst sind es, und ich bin es, und all die anderen sind es, die die Mythen rund um das Thema Geld für bare Münze nehmen. Wir nutzen unser Bewusstsein für die Feinsteuerung des Systems.

Wir haben aus dem Prozess, unsere finanziellen Mittel so zu beschränken, dass sie sich genau in der Bandbreite unserer Komfortzone bewegen, in der Tat eine Kunstform gemacht. Wir sind absolute Experten darin, im reinen Überlebensmodus zu agieren. Das kann so weit gehen, dass wir uns an den Rand des Untergangs manövrieren und dann im letzten Moment gerade genug manifestieren, um noch einmal die Kurve zu bekommen. Sollten wir einmal doch mehr Geld erhalten als für unsere Komfortzone erforderlich, dann finden wir immer eine Möglichkeit, dieses Geld – noch dazu schnell – wieder zu verlieren. Selbst wenn wir im Lotto gewinnen, finden wir einen Weg, um wieder in den Bereich zu kommen, in dem wir uns wohl fühlen.

Nicht überraschend

Die Vorstellung, dass die meisten Menschen eine unbewusste „Abneigung gegen Geld" haben, dürfte Sie als Leser kaum überraschen, insbesondere, wenn Sie die vorangegangenen Kapitel dieses Buches gelesen haben. Es besteht nicht der geringste Zweifel daran, dass wir unsere Welt nach unseren Überzeugungen, Einstellungen, Werten und Annahmen erschaffen. Warum sollte das in Bezug auf Geld anders sein? Die Energie folgt den Gedanken.

Alle Ebenen des Bewusstseins sind voll einschränkender Überzeugungen im Hinblick auf Geld und unsere Beziehung zu Geld. Diese Überzeugungen – in Kombination mit den Gefühlen, die sie bestärken – sind ausschlaggebend dafür, wo jeder von uns in dem großen Spiel ums Geld mitspielt und wie gut er dabei fährt.

Das Gesetz der Anziehung

Unsere Überzeugungen und Einstellungen haben eine bestimmte Schwingung und ziehen nach dem Gesetz der Anziehung nur Dinge an, die zu dieser Schwingung passen. Wir wissen alle: Die vorherrschende Überzeugung im Hinblick auf Geld ist die, dass es daran mangelt. (Mein Vater pflegte zu sagen: „Geld wächst nicht auf Bäumen, weißt du!") Wir wissen auch, dass Gleiches Gleiches anzieht. Daher zieht der Glaube an Mangel auch Mangel an. So einfach ist das.

Blättern Sie noch einmal zurück und lesen Sie sich die Notizen durch, die Sie nach der Achtsamkeitsübung gemacht haben. Möglicherweise sind Sie mit keiner Ihrer negativen Überzeugungen im Hinblick auf Geld in Kontakt gekommen. Ich bin mir jedoch ziemlich sicher, dass Ihnen an Ihrer Stimme etwas aufgefallen ist, das darauf hindeutet, dass Sie Überzeugungen hegen, die einem finanziellem Wohlstand nicht gerade zuträglich sind. Dann war da ja noch das Gefühl in Ihrem Bauch, als Sie das Wort „Geld" aussprachen. Was steckt da Ihrer Ansicht nach dahinter?

Gesetz der Assoziation

Dieses Gesetz besagt: Wenn man Angst vor A hat und A identisch mit B ist, hat man wegen entsprechender Assoziationen automatisch auch Angst vor B. Wenn Sie also Angst vor Haien haben und Reichtum oder einen hohen Verdienst mit Haien assoziieren, was wird dann wohl passieren?

Welche Assoziationen haben Sie noch in Zusammenhang mit Geld? Angst vor Erfolg vielleicht? Vielleicht die Angst, jemandem zu ähneln, den Sie kennen? Macht, zu bestechen? Die Notwendigkeit, zu kämpfen?

Machen Sie eine Bestandsaufnahme

Jetzt ist vielleicht der richtige Zeitpunkt, um eine Bestandsaufnahme möglicher negativer Assoziationen zu machen, die Sie im Zusammenhang mit Geld haben. Was haben Ihre Eltern und Angehörigen Ihnen in Bezug auf Geld vermittelt? Wie sind diese Personen mit Geld umgegangen? Welche Einstellungen – die sich möglicherweise in Ihrem Bewusstsein festgesetzt haben – hatten sie gegenüber Geld?

Nehmen Sie sich Zeit für diese Aufgabe, damit Sie wirklich herausfinden, welches innere Programm hinsichtlich Geld bei Ihnen läuft. Nehmen Sie sich die Zeit, die Sie brauchen. Das könnte sehr erhellend sein.

Wer hat Sie geprägt?

Fertigen Sie nach der Bestandsaufnahme eine Liste der Personen an, die Ihnen jene Überzeugungen vermittelt haben, die verhindern, dass Sie in Sachen Geld in Fülle leben.

1. ______________________________

2. ______________________________

3. ______________________________

4. ______________________________

5. ______________________________

6. ______________________________

Füllen Sie dann für alle Personen auf der Liste mindestens ein Arbeitsblatt zur Radikalen Vergebung aus.

Das deutschsprachige Arbeitsblatt („Dem Wunder Raum geben") finden Sie im Anhang auf Seite 302 sowie als PDF zum Ausdrukken auf der Website des Verlags unter

www.weltinnenraum.de sowie unter www.tipping-methode.de.

Dieser Prozess ist sehr wichtig, denn solange Sie diese Menschen noch für ihre Botschaften verantwortlich machen, schieben Sie ihnen unbewusst die Schuld dafür in die Schuhe, dass Sie nicht in Fülle leben. Das entmachtet Sie – da Sie die Ursache für den Mangel an Fülle unbewusst „dort draußen" und nicht „hier drinnen" suchen. Dadurch übergeben Sie anderen Menschen Ihre Kraft und können nicht mehr das kreieren, was Sie sich wünschen. Sie stecken fest.

Wenn Sie für jede dieser Personen ein Arbeitsblatt zur *Radikalen Vergebung* ausfüllen, löst sich die Energie der von ihnen vermittelten Überzeugungen auf. Dies ist eine der schnellsten mir bekannten Möglichkeiten, um seine negativen Grundüberzeugungen zu verändern.

15: Die Bedeutung von Geld

Den Ausführungen des letzten Kapitels nach scheinen die Menschen, die Geld – *unabhängig davon, wie viel oder wenig sie haben* – mit Glück und Freude verbinden, weltweit ungefähr so zahlreich zu sein wie Menschen, die Schlangen mögen. Menschen mit einer positiven Einstellung gegenüber Geld scheinen folgende Eigenschaften zu besitzen:

- Geld ist absolut kein Selbstzweck für sie.
- Sie genießen die Wahlfreiheit, die Geld ihnen gibt.
- Sie besitzen die natürliche Fähigkeit, das Geld anzuziehen, das sie benötigen.
- Sie sind besonders offen dafür, Geld zu empfangen.
- Es ist ihnen wichtig, Geld großzügig mit anderen zu teilen.
- Sie sind von dem Wunsch beseelt, Geld für das Gemeinwohl arbeiten zu lassen.
- Sie glauben fest an die Fülle des Universums als naturgegebenen Zustand.
- Sie besitzen ein unerschütterliches Vertrauen, dass ihre Bedürfnisse immer befriedigt werden.
- Der Besitz von Geld ist ihnen nicht wichtig. Sie wissen, dass es sich immer dann manifestieren wird, wenn es erforderlich ist.

Wie Sie sich vorstellen können, sind solche Menschen rar. Das liegt daran, dass es sich um Menschen handelt, die mit dem alten

Paradigma abgeschlossen haben und ihr Leben ganz im Zeichen des neuen Paradigmas leben. Davon gibt es einfach nicht besonders viele. Wenn Sie sich die Liste noch einmal durchlesen, werden Sie feststellen: Jede dieser Eigenschaften setzt voraus, dass das Bewusstsein der betreffenden Person im neuen Paradigma verankert ist. Lassen Sie uns diese Eigenschaften jetzt genauer betrachten.

- **Geld ist absolut kein Selbstzweck für sie.**

Der Betreffende weiß, dass Geld keinen immanenten Wert hat, sondern nur den Wert, den Menschen ihm zuschreiben. Die Bedeutungen, die andere Menschen mit Geld verbinden, haben allesamt mit dem alten Paradigma zu tun, dem diese Person nicht anhängt. Solche Bedeutungen sind beispielsweise: Geld bedeutet Sicherheit; Geld ist gleichbedeutend mit Macht; Geld ist ein Zeichen von Erfolg ... Der Betreffende ist nicht bereit, Geld die Macht zu verleihen, ihn als Mensch zu prägen oder über sein Leben zu bestimmen.

- **Sie genießen die Wahlfreiheit, die Geld ihnen gibt.**

Wahlfreiheit ist die einzige Bedeutung, die sie Geld zu geben bereit sind. Denn solange man Geld hat, hat man die Freiheit der Wahl, auch wenn die Wahlmöglichkeiten begrenzt sind. Je mehr Geld man besitzt, desto freier kann man entscheiden, wie man leben möchte. Diese Person hat allerdings erkannt, dass es die Art der Wahl ist, die über das Glück bestimmt, und nicht die Menge an Geld, die man besitzt.

- **Sie besitzen die natürliche Fähigkeit, das Geld anzuziehen, das sie benötigen.**

Ich bin sicher, dass Sie solche Menschen kennen. Es sind regelrechte Geldmagneten, denen Geld einfach so zufliegt. Allerdings sind darunter sicherlich auch Personen, die man nicht automatisch mit dem neuen Paradigma in Verbindung bringen würde. Es gibt nur wenig Menschen, die leicht Geld anziehen und gleichzeitig auch alle anderen Kriterien erfüllen.

- **Sie sind besonders offen dafür, Geld zu empfangen.**

Die Ausführungen des vorangegangenen Absatzes passen ebenso gut auf diesen Punkt. Doch hier beziehe ich mich auf jene Art von Zulassen, die in dem Wissen fußt, dass Geld keine Bedeutung hat, neutral ist und an und für sich allein keine Macht hat – dass es bei Geld nicht um persönlichen Verdienst, die Übernahme von Verantwortung, um Werte oder um Angst geht. Diese Menschen sind völlig offen dafür, Geld zu empfangen – oder eben auch nicht.

- **Es ist ihnen wichtig, Geld großzügig mit anderen zu teilen.**

Diese Menschen haben nicht das Bedürfnis, ihr Geld zusammenzuhalten. Vielmehr bereitet es ihnen Freude, reichlich davon abzugeben. Das hat nichts damit zu tun, einen bestimmten Anteil seines Geldes in der Hoffnung abzugeben, mehr zurückzubekommen, als man gegeben hat, oder Steuervorteile zu erzielen. Es geht um das Geben aus Freude am Geben – aus dem Wissen heraus, dass in der spirituellen Vorratskammer reichlich Geld vorhanden ist.

- **Sie sind von dem Wunsch beseelt, Geld für das Gemeinwohl arbeiten zu lassen.**

Diese Menschen wissen, dass Geld Energie ist. Ihnen ist bewusst, welchen Unterschied es machen kann, wenn es im Dienste der Menschheit, des Planeten, des Tierreichs und des Lebens insgesamt eingesetzt wird.

- **Sie glauben fest an die Fülle des Universums als naturgegebenen Zustand.**

Die Fülle des Universums ist die gedankliche Ausgangsbasis, an der nicht zu rütteln ist. Ohne diese Vorstellung als Anker wären alle anderen Grundannahmen bedeutungslos, denn sie beziehen sich ausnahmslos auf diese Vorstellung. Sie ist die Grundüberzeugung des neuen Paradigmas, ohne die das Paradigma nichts wert wäre.

- **Sie besitzen ein unerschütterliches Vertrauen, dass ihre Bedürfnisse immer befriedigt werden.**

Dieses Vertrauen basiert auf der festen Überzeugung, dass Fülle der natürliche Zustand des Universums ist. Der Betreffende ist folglich auch bereit, dies jederzeit auf den Prüfstand zu stellen.

- **Der Besitz von Geld ist ihnen nicht wichtig. Sie wissen, dass es sich immer dann manifestieren wird, wenn es erforderlich ist – und das tut es.**

Hier haben wir es mit Menschen zu tun, die ganz und gar frei sind. Sie sind frei von dem Wunsch, mehr Geld zu besitzen, als sie benötigen. Außerdem sind sie von einem tiefen inneren Frieden erfüllt, weil sie wissen, alles ist in Ordnung – gleichgültig, ob ihnen Geld zufließt oder nicht.

Die ersten sechs dieser neun Eigenschaften treffen auf Menschen zu, die abwechselnd oder gleichzeitig in beiden Paradigmen zu Hause sind. Die letzten drei Eigenschaften lassen sich eindeutig einem Paradigma zuordnen: Sie sind ebenso grundlegend für das neue Paradigma, wie sie Gift für das alte sind.

Noch sind Zweifel vorhanden

Wie bereits erläutert, gibt es gegenwärtig noch sehr wenig Menschen, die bereits ganz aus dem neuen Paradigma der absoluten Fülle heraus handeln. Das liegt daran, dass wir uns immer noch in Stadium zwei des Übergangs vom alten zum neuen Paradigma befinden. Gegenwärtig versuchen wir, einen Spagat zwischen beiden zu bewerkstelligen. Das hat zur Folge, dass wir die Vorstellung von grenzenloser Fülle zwar wirklich gern übernehmen würden, gleichzeitig aber daran zweifeln, dass diese Fülle möglich ist, da wir täglich Mangel und Beschränkung erfahren.

Ein Modell

Der einzige mir bekannte Mensch, der die Prinzipien der Fülle voll und ganz in seinem Leben verwirklichte, war Buckminster Fuller. „Bucky" war definitiv absolut dem neuen Paradigma verpflichtet. Er war sogar einer derjenigen, die bereits in den 1950er und 1960er Jahren davon sprachen, als dieses Konzept den meisten von uns noch unbekannt war.

Bucky hatte es sich zur Gewohnheit gemacht, den Saldo seines Bankkontos am Monatsende immer auf Null zu bringen. Das Geld, das am Ende des Monats auf dem Konto war, verschenkte er. Das brachte seine Buchhalter zur Verzweiflung; doch er war ein Wissenschaftler, der um Energie wusste, und Geld war für ihn nichts weiter als das. Er wusste auch: Geld muss fließen, um nützlich zu sein. Also sorgte er dafür, dass der Geldstrom in Bewegung blieb.

Das war für ihn wie atmen. Sie atmen es ein und dann atmen Sie es aus – völlig mühelos. Wenn Sie den Atem dagegen zu lange anhalten, sterben Sie.

Rückmeldung

Es gibt kein besseres Barometer für unseren Glauben und unsere Hingabe an das alte bzw. neue Paradigma als unsere Einstellung zu Geld und unseren Umgang damit. Daran, wie sehr wir dem Universum wirklich vertrauen und unsere finanziellen Themen loslassen können, erkennen wir, an welchem Punkt des Paradigmenwechsels wir uns genau befinden. Das können wir häufig von innen heraus beobachten. Außerdem gibt uns Geld – das sich ja ständig in unserem Leben bewegt – konstant eine sehr konkrete Rückmeldung darüber, wo wir uns gerade befinden.

Geld unterstützt den Paradigmenwechsel

Wenn Sie den Paradigmenwechsel an sich beschleunigen möchten, dann spielen Sie am besten mit Geld. Natürlich brauchen Sie das nicht so wie Bucky zu tun. Zwar müssen Sie sich dazu ein Stück weit aus Ihrer Komfortzone hinausbegeben, doch es macht keinen Sinn, sich so unter Druck zu setzen, dass Ihnen die Sicherungen durchbrennen und Sie im alten Paradigma eine Bruchlandung hinlegen. Es gibt keinen Grund, warum wir für diesen Prozess keine Stützräder zur Hilfe nehmen und – wie in den letzten Kapiteln beschrieben – einsetzen sollten.

16: Ein Energiespiel

Machen wir uns zunächst einmal klar, um welche Art von Spiel es sich bei der *Radikalen Manifestation* handelt. Es ist ein Energiespiel. Dieses Spiel ist identisch mit dem, das die Grundlage für *Radikale Vergebung* wurde, noch bevor ich erkannte, worum es sich dabei handelte und wie es funktionierte.

Irgendwann erkannte ich, dass der Schlüssel für die augenblickliche Befreiung von der Tyrannei der Vergangenheit nicht darin besteht, etwas auf der Ebene der materiellen Realität zu ändern, nicht einmal auf der Ebene des Bewusstseins. Vielmehr muss der „Energiekomplex", der mit der schmerzlichen Erfahrung verbunden ist, aufgelöst werden.

Ich entdeckte, dass man den Energiekomplex, der sich als Energieblockade im physischen und feinstofflichen Körper zeigt, auflösen kann, indem man seine spirituelle Intelligenz bittet, sich auf spiritueller Ebene darum zu kümmern – und das tut sie. Die Bitte können sie mit Hilfe des Arbeitsblatts zur *Radikalen Vergebung* formulieren. Weiter braucht man nichts zu tun. Man muss nicht einmal an die Vorstellung von *Radikaler Vergebung* glauben, damit es funktioniert. „Skeptische Bereitschaft" reicht schon aus: Die Bereitschaft, die Möglichkeit in Betracht zu ziehen, dass das Ereignis Teil eines göttlichen Plans war und aus einem bestimmten Grund geschah. Dann muss man nur noch bereit sein, den Prozess mit Hilfe des Arbeitsblatts zu durchlaufen.

Transformation

Sie müssen also nicht etwa hart daran arbeiten, die unbewussten Vorstellungen, Gedanken, Überzeugungen, Vorannahmen und Gefühle in Bezug auf das ursprüngliche Ereignis – für das bislang keine Vergebung möglich war – zu verändern oder umzuprogrammieren. Sie müssen einfach eine Möglichkeit finden, das Energiefeld, das all dies enthält, aufzulösen. Bei dem Prozess geht es lediglich darum, die Angelegenheit unserer spirituellen Intelligenz anzuvertrauen.

Dadurch verwandelt sich die Situation, denn wir handeln augenblicklich aus dem neuen Paradigma heraus – selbst wenn es nur im Hinblick auf dieses spezielle Ereignis ist. Das metaphysische Paradigma ist das einzige Paradigma, das unsere spirituelle Intelligenz versteht und anwendet. Daher greifen die Grundannahmen dieses Paradigmas beinahe sofort in Bezug auf die betreffende Situation, während die Vorannahmen des alten Paradigmas wegfallen. Schuldzuweisungen weichen Dankbarkeit, aus Feinden werden Heilsboten, Liebe tritt an Stelle von Angst usw. Das ist wahre Transformation.

Wenn dieser Ansatz bei Energiekomplexen funktioniert, die allgemein als extrem veränderungsresistent gelten – wie z.B. Unversöhnlichkeit – gibt es keinen Grund, warum er nicht auch bei anderen Energiekomplexen – wie „Mangel an Fülle“ – greifen sollte.

In den Fragen auf dem Arbeitsblatt zur *Radikalen Vergebung* sind alle Grundannahmen der *Radikalen Vergebung* enthalten. Daher können Sie – wie in Kapitel 6 dargestellt – mit Hilfe des Arbeitsblattes „so lange tun als ob, bis es wirklich klappt“ und es als Brükke für den Übergang vom alten zum neuen Paradigma nutzen.

Dieses Verfahren funktioniert auch bei Themen wie „Geld“ und „Fülle“. Sie nutzen wieder eine Art Brücke, die Ihnen dabei hilft, so zu tun, als glaubten Sie an die Vorstellung eines Universums mit unendlicher Fülle, selbst wenn Sie daran zweifeln.

Daher habe ich neben einem allgemeinen *Arbeitsblatt zur Manifestation* auch ein Arbeitsblatt speziell zum Thema „Geld" entwickelt. Es trägt den Titel *Arbeitsblatt zur Einstellung gegenüber Geld.* Diese Arbeitsblätter finden Sie im Anhang ab Seite 194 sowie als PDF zum Ausdrucken auf der Website des Verlags unter www.weltinnenraum.de sowie unter www.tipping-methode.de.

Auf diese Weise können Sie Ihre spirituelle Intelligenz zur Hilfe nehmen, um in sich ein Bewusstsein von Fülle zu kreieren. Wenn Sie die Angelegenheit diesem kraftvollen Teil von sich anvertrauen, müssen Sie nicht länger ein Vermögen für Seminare ausgeben, in denen Ihre Einstellung gegenüber Geld umprogrammiert werden soll. Wir wecken die schlafenden Hunde einfach nicht, ignorieren den Verstand und bitten den göttlichen Geist mit Hilfe des Arbeitsblatts, sich um die Sache zu kümmern.

Im nächsten Kapitel liste ich einige der Grundannahmen in Bezug auf Geld auf, die in Einklang mit dem neuen Paradigma stehen, so dass sie in Ihrem Bewusstsein Fuß fassen können.

17: Grundannahmen in Bezug auf Geld

◆ **Geld ist eine Abstraktion und besitzt keinen immanenten Wert.**

Goldmünzen als Tauschmittel besaßen einen immanenten Wert. Heute existiert Geld hauptsächlich als eine Reihe von Einsen und Nullen in einem Computerprogramm, das durch Kreditkarten, Bankkarten und Ähnliches aktiviert wird. Geld hat nur einen Wert, wenn es gegen etwas eingetauscht wird, und dann ist es kein Geld mehr.

◆ **Geld ist Energie.**

Geld ist Energie und unterliegt daher genauso dem Gesetz der Anziehung wie jede andere Art von Energie. Es fließt zu denen, die am offensten dafür sind, die eine Verwendung dafür haben und die darum bitten können.

◆ **Geld ist neutral.**

Geld fließt zu allen Menschen, die es anziehen, gleichgültig, ob es sich um einen abgebrühten Verbrecher oder einen frommen Priester handelt. Das ist dem Geld einerlei. Es fließt auch Menschen zu, die auf spiritueller Ebene arbeiten. Sie dürfen den Geldfluss nur nicht mit albernen Vorstellungen blockieren, wie etwa, dass spirituell ausgerichtete Menschen mit spiritueller Arbeit kein Geld verdienen dürfen.

Es ist nicht etwa so, dass automatisch Geld zu Ihnen kommt, wenn Sie das tun, was Sie am liebsten tun. Es kommt nur zu Ihnen, wenn Sie es magnetisch anziehen. Sie dürfen nicht davon ausgehen, dass Ihnen Geld einfach so zufließt. Sie müssen Geld anziehen, und gleichzeitig muss es Ihnen gleichgültig sein, ob Sie es bekommen – ein diffiziler Balanceakt.

◆ Geld ist nicht knapp.

Geld ist Energie und Energie ist grenzenlos. Daher ist Geld auch grenzenlos. In diesem Augenblick ist mehr davon in Umlauf als Sie sich vorstellen können, und es wird ständig mehr davon gedruckt. Je mehr Menschen es auf der Erde gibt, desto mehr Geld gibt es. Geld vervielfacht sich kontinuierlich. Im System befindet sich so viel Geld, wie das System benötigt. Je mehr wir abgeben, desto mehr wird es.

◆ Geld ist Liebe.

Hinter allem steckt Liebe. Liebe ist die Energie, auf der das Universum basiert. Geld ist auch Energie, also können Geld und Liebe als Synonyme betrachtet werden. Liebe regiert die Welt. Geld macht exakt dasselbe. Liebe macht das Herz groß. Geld ermöglicht es uns, von Herzen kommende Gefühle wie Dankbarkeit, Großzügigkeit, Mitgefühl und auch Liebe an sich zu empfinden. Gleich und Gleich gesellt sich gern, also zieht Liebe Geld an, weil Liebe und Geld ein- und dasselbe sind. Habsucht, Neid und Gier bringen auch Geld hervor, doch dieses Geld ist von Angst bestimmt, nicht von Liebe. Was ist Ihnen lieber?

◆ Fülle ist der natürliche Zustand des Universums.

Die Vorstellung von unendlicher Fülle ist grundlegend für unsere Einstellung gegenüber Geld, selbst wenn die Fülle meist kostenlos zu uns kommt. Für Dinge wie Sonnenschein, Regen, ein Lächeln, ein aufmunterndes Wort, eine Berührung, einen Kuss, Vogelgesang oder den Duft einer Blume benötigt man kein Geld. Wenn Sie einmal ernsthaft darüber nachdenken, wird Ihnen bewusst werden, dass im Grunde genommen nur sehr wenig von dem, was wir am Leben lieben, an Geld gebunden ist. So lange wir genug zu essen und ein warmes, behagliches Heim haben, ist der Rest relativ – und meist kostenlos.

◆ Geld hat keine Macht.

Wenn uns bewusst wird, dass *wir* die Umstände unseres Lebens kreieren, erkennen wir: Wir sind Geld genauso wenig ausgeliefert wie allen anderen äußeren Umständen. Die wahre Quelle unserer Macht liegt in uns. Es ist unsere spirituelle Intelligenz und ihre Fähigkeit, sich mit der Quelle zu verbinden. Auf der ganzen Welt gibt es niemanden, dem der Zugang dazu verweigert wird. Was das anbelangt, haben wir alle gleich viel Macht, und es spielt keine Rolle, wie viel Geld wir haben.

◆ Geld ist unser Lehrer.

Als spirituelle Wesen, die eine menschliche Erfahrung machen, können wir mit Hilfe unserer Gefühle das Leben erfahren und in Kontakt mit unserer Kraft kommen. Geld bietet viele Möglichkeiten, unsere Gefühle zu fühlen und durch diese Erfahrungen zu wachsen und zu lernen.

Teil V
Abnehmen

18: Körper und Achtsamkeit

Wie zu Beginn von Teil IV beschrieben, ist es ratsam, Achtsamkeit gegenüber den Dingen in unserem Leben zu entwickeln, denen wir unsere Macht übertragen oder denen wir die Kontrolle über uns überlassen. In Teil IV ging es in diesem Zusammenhang um Geld. Dieses Kapitel ist dem Körper und speziell dem Gewicht gewidmet.

Mit „Körper und Achtsamkeit" meine ich die Fähigkeit, die Gedanken über den Körper, die einem – kaum wahrnehmbar – durch den Kopf gehen, zu beobachten. Lassen Sie uns zunächst ein ähnliches Experiment wie beim Thema „Geld und Achtsamkeit" durchführen.

Blättern Sie ***JETZT*** um!

Ich

(Vervollständigen Sie diesen Satz.)

meinen Körper.

Welches Wort bzw. welche Wörter kamen Ihnen in dem Moment in den Sinn, als Sie den unvollständigen Satz und den Hinweis sahen, ihn zu vervollständigen?

Ich **liebe** meinen Körper.

Ich **hasse** meinen Körper.

Ich **achte** meinen Körper.

Ich **sorge für** meinen Körper.

Ich **verabscheue** meinen Körper.

Ich **lehne** meinen Körper **ab**.

Ich **akzeptiere** meinen Körper.

Welche Gefühle tauchten in Ihnen auf, als Sie den Satz im Geiste vervollständigten?

Ekel

Scham

Liebe

Schuld

Traurigkeit

Frustration

Wut

Wärme

Sonstiges____________________

Mein Körper ist

____

(Vervollständigen Sie diesen Satz.)

Welche Worte kamen Ihnen jetzt in den Sinn?

Schön

Hässlich

Beschämend

Zu dick

Zu dünn

In Ordnung/nicht in Ordnung

Ungesund

Gesund

Hilfreich

Toll

Gut in Form/nicht gut in Form

Sehenswert

Krank

Sonstiges___________________

Welche Gefühle tauchten in Ihnen auf, als Sie den Satz im Geiste vervollständigten?

Ekel

Scham

Liebe

Schuld

Traurigkeit

Frustration

Wut

Wärme

Sonstiges___________________

Ich bin NICHT mein Körper.

Welche Gedanken gingen Ihnen durch den Kopf, als Sie diese Aussage sahen?

Ich **BIN** aber mein Körper.

Welche Erleichterung, das zu hören!

Ich darf ich selbst sein!

Ich muss mich nicht länger mit meinem Körper identifizieren.

Die Schmerzen meines Körpers sind nicht meine Schmerzen.

Mein Körper mag krank sein, aber ich bin es nicht.

Wenn ich nicht mein Körper bin, wer bin ich dann?

Wenn ich nicht mein Körper bin, was bin ich dann?

Ich bin in Ordnung, ganz egal, was mein Körper macht.

Mein Körper ist mein Vehikel, um das Leben zu leben.

Ich projiziere meine Negativität auf meinen Körper.

Welche Gefühle kamen in Zusammenhang mit dieser Aussage in Ihnen auf?

Erleichterung

Ungläubigkeit

Mitgefühl

Liebe

Akzeptanz

Dankbarkeit

19: Körperbewusstsein

Durch diese kleine Aufgabe haben Sie sich sicherlich zumindest damit auseinandergesetzt, wie wichtig wir den Körper nehmen und in welchem Ausmaß wir uns mit ihm identifizieren. Wir kleiden ihn, pflegen ihn, rasieren ihn, baden ihn, liften ihn, parfümieren ihn, verschönern ihn, vergrößern ihn, verzieren ihn, verarzten ihn, trainieren ihn, füttern ihn und widmen ihm noch auf manch andere Art sehr viel Aufmerksamkeit. Wenn man Größe und Umsatz der Modebranche betrachtet, könnte man sogar sagen: Wir sind besessen von unserem Körper. Da überrascht es nicht, dass wir glauben, unser Körper zu sein!

In Wahrheit gab es uns dagegen schon, bevor wir einen Körper hatten – und wir werden auch nach unserem körperlichen Tod, wenn wir den Körper abgelegt haben, weiter existieren. So wie wir uns für eine bestimmte Reise einen Leihwagen nehmen, nehmen wir unseren Körper für die Dauer unseres Erdenlebens an, benutzen ihn und legen ihn ab, wenn die Reise zu Ende ist. Er entsteht aus der Erde und kehrt zur Erde zurück.

Warum einen Körper annehmen?

Obwohl wir von unserem physischen Körper regelrecht besessen sind, ihn genauestens untersucht haben und seine komplizierte Funktionsweise kennen, haben wir die grundlegendste aller Fragen interessanterweise völlig außer Acht gelassen: Warum haben wir einen Körper? Warum sollte ein spirituelles Wesen, das sich nach Belieben in der Welt der göttlichen Existenz bewegen kann, beschließen, seine Schwingung zu senken, um sich mit einem physischen, schweren und anfälligen Körper zu belasten?

Trennung nervt

Ich glaube, wir tun es, um Trennung und alles, was damit verbunden ist, zu erfahren. Wir tun es auch, um ein tieferes Bewusstsein für Einheit zu entwickeln. Das ist eine wichtige und anspruchsvolle Aufgabe für uns spirituelle Wesen. Sie ist nicht leicht, da wir während der meisten Zeit unserer Inkarnation keinerlei Erinnerung an die spirituelle Welt haben. Trennung wird als real und schmerzvoll erfahren – und sie nervt! Daher brauchen wir Vergebung.

„Es sind die Emotionen, du Dummkopf!"

Außerdem haben wir mit dem göttlichen Geist die Vereinbarung getroffen, die Erfahrung der Trennung als rein emotionales Erlebnis zu durchlaufen. Dafür ist ein Körper unerlässlich, denn eine Emotion ist ein „mit einem körperlichen Gefühl verbundener Gedanke". Wenn man keinen Körper hat, um dieses Gefühl zu spüren, dann bleiben nur die Gedanken. Daher soll uns der Körper in erster Linie ermöglichen, unsere Gefühle zu spüren und Emotionen zu erleben. Die menschliche Erfahrung ist also als emotionale Erfahrung gedacht. In dem Maß, in dem wir unsere Emotionen nicht zulassen oder das Leben nicht über unsere Gefühle erfahren, verschließen wir uns dem Zweck unseres Daseins.

Daher überrascht es umso mehr, dass wir dem Gefühlsaspekt trotz all unserer wissenschaftlichen Kenntnisse über die Funktionsweise des Körpers und unserer beinahe endlosen Beschäftigung mit dem Körper bislang wenig Aufmerksamkeit geschenkt haben. Erst als *Moleküle der Gefühle – Körper, Geist und Emotionen* von Candace Pert erschien, begann der eine oder andere, sich damit zu befassen: In welcher Form der Körper uns hilft, Gefühle zu empfinden und dadurch den Schmerz der Trennung zu erfahren. Man ging stets davon aus, dass Gefühle im „Kopf" verortet sind und wenig mit dem Körper zu tun haben. Man muss sich aber nur bewusst machen, was im Körper passiert, wenn man eine emotionale Erfahrung macht, um zu wissen: Der Körper hat sehr viel damit zu tun.

Der Körper wird abgelehnt

Wenn der Körper unser spirituelles Vehikel ist, um uns in und durch den tiefen Schmerz der Trennung zu befördern, dann nimmt es nicht Wunder, dass wir nicht nur von unserem Körper besessen sind, sondern ihn auch aus genau diesem Grund ablehnen.

Die Erinnerung an unsere Existenz vor unserer Inkarnation ist bestenfalls schwach bzw. größtenteils nicht existent. Trotzdem ist es gut möglich, dass sich ein Teil von uns daran erinnert, wie es ist, nur Geist und nicht mit einem Körper belastet zu sein. Sind wir möglicherweise verärgert, weil wir diese Last tragen müssen? Falls dem so ist, liegt es dann nicht nahe, dass wir all unsere Schuldgefühle und Wut darüber, getrennt zu sein und Schmerzen zu erfahren, auf unseren Körper projizieren? Wenn wir einen Körper als Symbol der Trennung angenommen haben, dann muss der Körper auch den starken Schmerz symbolisieren, der das Gefühl von Trennung unweigerlich begleitet.

Selbstablehnung

Eine Möglichkeit, in dieser Welt der Trennung, die wir kreiert haben und in der wir leben, stecken zu bleiben, besteht darin, uns in Schuldzuweisungen, Rechtfertigungen und Verleugnung zu ergehen und den Schmerz der Trennung auf etwas anderes zu projizieren. Wir tun das auf zweierlei Weise: Entweder wir projizieren den Schmerz auf jemanden oder etwas anderes „dort draußen" –

oder wir richten ihn auf uns und projizieren ihn auf den Körper. Weil wir uns so stark mit unserem Körper identifizieren, wird aus der Ablehnung unserem Körper gegenüber oft ein generalisierter Selbsthass.

Das Problem mit dem Gewicht

Nach dieser Einführung möchte ich jetzt auf jenes Thema eingehen, das uns in Zusammenhang mit dem Körper ständig beschäftigt und eines der beliebtesten Ziele für unseren Selbsthass darstellt – unser Gewicht.

20: Das leidige Thema „Gewicht"

Einem Bericht im *Journal of the American Medical Association* aus dem Jahr 2002 zufolge leiden ungefähr zwei Drittel der erwachsenen Bevölkerung in den USA unter Übergewicht. Jährlich geben Hunderttausende Betroffener Millionen von Dollar aus, um abzunehmen. Sie versuchen es mit Diät, Bewegung, Medikamenten, Nahrungsergänzungsmitteln, Hypnose und anderen Maßnahmen zur Gewichtskontrolle. Die meisten davon versagen – insbesondere auf lange Sicht. Sie führen möglicherweise zu kurzfristigem Gewichtsverlust, aber hinterher nimmt man unweigerlich wieder zu. Die einzigen Programme, bei denen zumindest ein gewisser Erfolg zu verzeichnen ist, sind solche, bei denen den Teilnehmern – wie bei Weight Watchers – umfassende und kontinuierliche Unterstützung in psychologischen Fragen und Fragen des Lebensstils geboten wird.

Bei der großen Mehrzahl der Programme gilt das Hauptaugenmerk den körperlichen Faktoren, die zu einer übermäßigen Gewichtszunahme führen. Die emotionalen Aspekte werden entweder völlig außer Acht gelassen oder nur kurz gestreift.

Ich möchte in diesem Abschnitt daher geradewegs auf die emotionalen Faktoren zu sprechen kommen, die eine Erklärung dafür zu liefern scheinen, warum Menschen zunehmen und einen Lebensstil praktizieren, der das Problem nur noch vergrößert.

Körperliche und emotionale Faktoren

Bei meiner Arbeit mit *Radikaler Vergebung*, wo ich Menschen im Umgang mit ihren emotionalen Themen unterstütze, ist mir aufgefallen, dass sich die emotionalen Themen eines Menschen häufig auf die eine oder andere Weise in seinem physischen Körper widerspiegeln. Es können Krankheiten sein, Gewebezerfall usw. Bei sehr vielen Menschen spiegeln sie sich als Übergewicht wider.

Das Verhältnis, in dem körperliche und emotionale Faktoren jeweils ausschlaggebend für die Gewichtszunahme sind, ist schwer zu bestimmen. Ich würde sagen, dass die Gewichtsprobleme bei den meisten Menschen schätzungsweise zu 75 Prozent durch körperliche Faktoren und den Lebensstil bedingt sind und zu 25 Prozent durch emotionale Faktoren. Allerdings gibt es hier natürlich individuelle Unterschiede. Ich kenne auch Menschen, bei denen das Verhältnis meiner Einschätzung nach umgekehrt ist. Außerdem ist die Unterscheidung zwischen körperlichen und emotionalen Faktoren an sich schon problematisch. Schließlich liegt den meisten körperlichen Faktoren eine emotionale Ursache zu Grunde – oder sie haben zumindest auch eine emotionale Komponente.

Die körperlichen Faktoren

Die körperlichen Faktoren umfassen Dinge, mit denen man – mehr oder weniger – bereits geboren wird: Konstitutionstyp, Stoffwechsel, Nahrungsmittelaversionen, Blutgruppe, Appetit, Gene und eine mögliche allgemeine Veranlagung zur Gewichtszunahme.

Lebensstilfaktoren

Unter die Lebensstilfaktoren fallen Dinge wie: Bewegung, Stress, erworbene Nahrungsmittelpräferenzen, Süchte, Essgewohnheiten, Substanzmissbrauch, übermäßige Nahrungsaufnahme und

Ähnliches. Gruppenzwang, kulturelle Normen, die Massenmedien und selbst die Nahrungsmittelindustrie tragen mit ständig neuen Modeerscheinungen im Hinblick auf Ernährung und Lebensstil zu dem Problem bei.

Damit möchte ich meine Ausführungen über körperliche und Lebensstilfaktoren so weit beenden. Abschließend sei darauf hingewiesen: Mit Hilfe des Prozesses der *Radikalen Manifestation* können Sie den Körper erschaffen, den Sie sich wünschen, und die Umstände, die dafür förderlich sind.

Manifestation kann, wie bereits erwähnt, allerdings nur gelingen, wenn unser Energiefeld relativ klar und unsere Schwingung hoch ist. Manifestation in Zusammenhang mit dem Körper stellt da keine Ausnahme dar. Wenn dem Gewichtsproblem emotionale Probleme zu Grunde liegen, dann müssen diese zuerst aufgelöst werden, damit solche Veränderungen möglich sind. Daher muss man zuerst mit der *Radikalen Vergebung* arbeiten, bevor man mit der Manifestation des „idealen Körpers“ beginnt.

Noch einmal: „Es sind die Emotionen, du Dummkopf!“

Für mich steht fest: Unser Körper ein Spiegel für unsere emotionale Gesundheit. Viele Menschen verdrängen und unterdrücken ihre Gefühle. Das ist eine äußerst ungesunde Strategie. Wenn Sie unterdrückte Emotionen mit sich herumtragen, können diese sich als Krankheit manifestieren oder im wahrsten Sinne des Wortes als Übergewicht, das Sie körperlich mit sich herumtragen.

Fett, das eine Funktion erfüllt

Wenn das überschüssige Körperfett eine emotionale Funktion erfüllt, kann keine Diät der Welt etwas dagegen ausrichten. Die häufigste Funktion ist Schutz. Es kann sich um Schutz vor Verletzungen und Ablehnung allgemein handeln, meist geht es aber um den Schutz vor – befürchteten oder realen – sexuellen Übergriffen.

Schutz

Sexueller Missbrauch von Kindern durch die Eltern, Großeltern, Stiefeltern, Partner der Mutter, Geschwister, Babysitter und andere Personen ist in unserer Gesellschaft weit verbreitet. Man geht davon aus, dass jeder fünfte Erwachsene in seiner Kindheit sexuell belästigt wurde.

Das Einzige, was einem hilflosen Kind anschließend zur Verfügung steht, ist Verleugnung, Verdrängung und Abspaltung. Solche Übergriffe hinterlassen jedoch eine deutliche energetische Prägung im Körper, die durch eine wirkungsvolle Mischung aus unterdrückter Angst und Schuldgefühlen erzeugt und aufrecht erhalten wird. (Die Schuldgefühle entstehen, weil die Betroffenen fast immer glauben, das Ereignis sei ihre Schuld.) Dies wird häufig noch gravierend verschlimmert, wenn die eigene Mutter den Schilderungen nicht glaubt, nachdem die Betroffenen all ihren Mut zusammengenommen und davon erzählt haben. Sie müssen sich dann eventuell sogar noch Vorwürfe anhören und Strafen über sich ergehen lassen.

Der Körper erinnert sich

Auch wenn der Kopf es ausblendet – die Zellstruktur des Körpers erinnert sich nur allzu gut daran. Also versucht der Körper, sich zu schützen, indem er in *den* Bereichen Fett ablagert, die damals am stärksten betroffen waren und als besonders verwundbar erlebt wurden. Dadurch entsteht nicht nur eine physische Schutzmauer gegen Übergriffe, sondern auch psychischer Schutz.

Attraktiv sein ist riskant

Der Kopf folgert, dass körperliche Attraktivität ein Risiko darstellt und der beste Schutz vor körperlichen Avancen darin besteht, sich unattraktiv zu machen. Und gibt es denn eine bessere Möglichkeit, sich sexuell unattraktiv zu machen, als Übergewicht?

Selbsthass

Übergewicht kann auch entstehen, um das Gefühl, unzulänglich und nicht liebenswert zu sein, zu verstärken. Das ist wie eine sich selbst erfüllende Prophezeiung, die sich aus sich selbst nährt. Je weniger ich mich mag, desto dicker werde ich. Je dicker ich bin, desto weniger mag ich mich. Und so geht das weiter und weiter.

Auch wenn keine genauen Zahlen vorliegen, würde ich davon ausgehen, dass bei deutlich über der Hälfte der stark übergewichtigen Menschen tief vergrabener, unbewusster emotionaler Schmerz – dessen sie sich entweder nicht gewahr sind oder mit dem sie sich nicht auseinandersetzen – die Ursache für das Übergewicht ist.

Die Lösung

Die offensichtliche Antwort ist *Radikale Vergebung*. Mit dieser Methode haben bereits Hunderte von Opfern von sexuellem und anderem Missbrauch das Energiemuster neutralisiert und aufgelöst, das Schuldgefühle, Scham und Angst in ihrem Körper eingefroren und mit Fett umhüllt hat.

Der große Vorteil der *Radikalen Vergebung* besteht darin, dass der Betreffende sich nicht daran erinnern können muss, was geschehen ist. Er braucht die Erfahrung auch nicht noch einmal schmerzvoll zu durchleben. Überraschenderweise reicht der Prozess der *Radikalen Vergebung* aus.

Therapie für Therapeuten

Bekanntermaßen entscheiden sich Menschen in helfenden Berufen häufig für diese Art der Tätigkeit, um – indem sie anderen Menschen im Umgang mit ihrem Schmerz behilflich sind – sich nicht mit dem eigenen Schmerz auseinandersetzen zu müssen. Viele der zahlreichen Therapeuten, die sich auf die Arbeit mit

Opfern von sexuellem Missbrauch „spezialisiert" haben, sind selbst „Überlebende" von Missbrauch, die ihren eigenen Schmerz noch nicht geheilt haben. Sie weigern sich, diesen Schmerz anzuschauen, und vergraben ihn außerhalb ihres Bewusstseins.

Das Problem dabei ist, dass diese Therapeuten ihre eigene unterdrückte Wut unbewusst auf ihre Klienten projizieren. Sie ermuntern die Klienten zu allen möglichen Aktivitäten, die auf den ersten Blick gesund zu sein scheinen, bei denen es sich im Grunde genommen jedoch um dürftig getarnte Formen der Rache handelt. Das hat zur Folge, dass die Betroffenen in ihrem Opferdasein verhaftet bleiben und keine Heilung eintritt. Sie sehen sich weiterhin als „Missbrauchsopfer" oder „Überlebende von Missbrauch" und beladen sich weiter mit Fett, weil sie dessen Schutzfunktion brauchen.

Bei Therapeuten liegt es im Trend, den Betroffenen eindringlich anzuraten, demjenigen, der sie missbraucht hat, gegenüberzutreten und ihm seine Tat vorzuwerfen. Ich habe noch nicht erlebt, dass dies in irgendeiner Form zu Heilung geführt hätte. Vielmehr kommt es zwangsläufig zu einer dramatischen Verschlechterung der Beziehung. Dies ist für beide Parteien mit noch größerem Schmerz verbunden.

Bei *Radikaler Vergebung* ist diese Konfrontation nicht notwendig. Sie ist sogar stets kontraproduktiv. Es ist wesentlich besser, wenn diese Arbeit auf energetischer Ebene und – zumindest am Anfang – im Bewusstsein desjenigen, der vergibt, durchgeführt wird. Die Wirkung erfasst dann auf natürliche Weise auch die anderen Beteiligten. Lassen Sie mich dies erläutern.

Eine Erfahrung auf Energieebene

Der Schmerz, den der Betroffene empfindet, steht in direktem Verhältnis zu der emotionalen Energie, die eingebracht wurde. Dabei geht es weniger um die Energie in Zusammenhang mit dem Ereignis an sich, als um die Energie, die in die „Geschichte" um das Ereignis eingebunden wurde. (Mit „Geschichte" meine ich alle Gedanken, Annahmen, Überzeugungen, Gefühle, Erinnerungen und Ängste, die mit dem Missbrauch verbunden sind. Das meiste davon wurde unterdrückt und ist daher unbewusst.)

Damit will ich nicht sagen, dass der Schmerz nicht echt ist. Allerdings steht fest, dass die in die Geschichte eingebundene Energie unverhältnismäßig viel zu dem Leid beiträgt. (Schmerz ist das, was wir als direkte Reaktion auf ein Ereignis spüren. Leid entsteht durch die Gedanken und Überzeugungen, die wir in Zusammenhang mit dem Ereignis kreieren.)

Menschen, die Missbrauch erlebt haben, tragen beispielsweise typischerweise solche selbstverachtenden, verletzenden Überzeugungen in sich wie: *„Ich bin beschädigt"*, *„Ich tauge nichts"*, *„Ich verdiene keine Achtung"*, *„Ich zähle nicht"*, *„Meine Bedürfnisse zählen nicht"*, *„Ich bin voller Makel"*, *„Ich bin schmutzig"*, *„Ich kann nicht Nein sagen"*, *„Ich werde nie als der Mensch geschätzt werden, der ich bin"*, *„Männer werden mich immer missbrauchen."* Das sind die Faktoren, die das Leid verursachen.

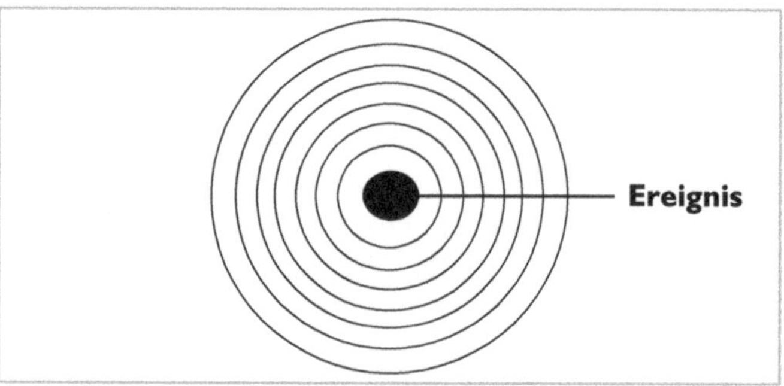

Abb. 11: **Mit dem Ereignis verbundenes Energiefeld**

Diese emotionale Energie kristallisiert sich irgendwann zu einem Energiefeld im Körper, das die Geschichte und das Leid aufrechterhält.

Den Schmerz und das Leid kann man also heilen, indem man das Energiefeld auflöst. Wenn das Energiefeld erst einmal zusammengebrochen ist, verliert die Geschichte ihre Macht und verblasst mehr und mehr. Es ist nicht notwendig, in der Vergangenheit zu wühlen, die Erfahrung erneut zu durchleben oder den Täter damit zu konfrontieren.

Das Energiefeld löst sich auf, wenn man den Prozess der *Radikalen Vergebung* durchläuft. Dieser Prozess umfasst fünf Stadien:

1. **Die Geschichte erzählen**

   Auf dieser Stufe erzählt jemand seine Geschichte, soweit sie ihm bewusst ist. Es ist nicht notwendig, den unbewussten Teil durch Hypnose ins Bewusstsein zu rufen. Man muss nicht einmal beweisen, dass sich die Geschichte tatsächlich so ereignet hat. Es ist unwichtig, ob sie wahr ist oder nicht, denn es geht – zumindest in diesem Stadium – nicht darum, irgendjemanden damit zu konfrontieren.

   (Falls rechtliche Schritte erforderlich sind, so ist das eine andere Sache. Meine Ausführungen haben nichts damit zu tun, was das Gesetz über den Missbrauch zu sagen hat, oder wie man mit dem Täter verfahren sollte, um andere zu schützen. Hier geht es ausschließlich um Vergebung und darum, was in dem Menschen geschieht, der vergibt, nicht um den Täter oder sonst irgendwen.)

   Wichtig in diesem ersten Stadium ist es, dem Betroffenen zu ermöglichen, seine Opfergeschichte aus seiner Perspektive zu erzählen. Der Zuhörer ist Zeuge und verleiht der Geschichte dadurch Gehalt – als der „Geschichte des Betroffenen“.

2. **Auf Gefühle einlassen**

Dieser Schritt ergibt sich normalerweise daraus, dass die Geschichte erzählt wurde. Er ist ein entscheidender Teil des Verfahrens. Es ist auch der Teil, den die meisten Menschen zu vermeiden versuchen. Dazu wird er intellektualisiert, trivialisiert oder „spiritualisiert". Letzteres bezeichne ich als „spirituelle Vermeidung".

Wir müssen aber die Gefühle, die wir mit der Situation verbinden, zulassen und offen ausdrücken, um das Energiefeld überhaupt auflösen zu können.

3. **Das Energiefeld auseinandernehmen**

Das Energiefeld beginnt, auseinander zu fallen, wenn wir erst einmal unserer Wut, Trauer, Traurigkeit und Verletztheit Ausdruck verliehen haben und uns im Geist und im Herzen allen Faktoren öffnen, die für die Situation relevant sind. Dann können wir langsam unterscheiden, was an der Geschichte Tatsachen sind und was Interpretation, was wirklich wichtig ist und was bedeutungslos. Wir erkennen auch, welche Bedürfnisse wir dadurch befriedigen, dass wir uns an der Geschichte festklammern. Diese – teils rationale – Analyse ist im Kontext der *Radikalen Vergebung* allerdings nur ein Schritt im Prozess der Auflösung des Energiefelds. Sie ist keine „Therapie" an sich.

4. **Der Geschichte umdeuten**

Dies ist der Schritt, bei dem die eigentliche *Radikale Vergebung* stattfindet. Hier öffnen wir uns für die Vorstellung, dass alles, was geschehen ist, Teil eines göttlichen Plans war und das Wachstum unserer Seele unterstützen sollte und wir lediglich Probleme haben, dies zu erkennen, da wir das große spirituelle Bild nicht sehen können. Im Grunde genommen war nichts von dem, was geschehen ist, falsch.

Es fällt oft sehr schwer, diese Vorstellung zu akzeptieren. Das Arbeitsblatt zur Radikalen Vergebung ist eine Möglichkeit, wie wir damit arbeiten können. Hier können wir „Ja" dazu sagen, auch wenn wir nicht an diese Vorstellung glauben oder skeptisch sind. Wir tun einfach so als ob.

5. **Die Geschichte integrieren**

   Bei der Integration arbeiten wir körperlich, um den Energieaustausch abzuschließen und die Opfergeschichte im physischen Körper auf Zellebene durch die neue „Vollkommenheits-Geschichte" zu ersetzen. Dazu können wir ein Arbeitsblatt ausfüllen oder eines bzw. mehrere der anderen Werkzeuge verwenden. Eine der kraftvollsten Möglichkeiten zur Integration ist die (begleitete) Atemarbeit.

Bei *Radikaler Vergebung* passiert mehr, als dass sich der Vergebende dadurch besser fühlt. Zum einen löst sie das Energiefeld auf, das die persönliche Geschichte des Betroffenen umgibt. Zum anderen wirkt *Radikale Vergebung* auflösend auf das Energiefeld ein, das die Missbrauchssituation und alle Beteiligten, einschließlich der Täter, insgesamt umgibt. Da alle Teil desselben „morphogenetischen Feldes"* sind, spüren alle diese Veränderung. Die Beteiligten können dann frei entscheiden, wie sie darauf reagieren, wie es für sie in spiritueller Hinsicht am besten ist. Alle dies geschieht unterhalb der Ebene des bewussten Gewahrseins.

Keiner der Beteiligten weiß, was da genau geschieht. Die Betroffenen fühlen sich einfach anders. Vielleicht spüren sie den Impuls, etwas zu sagen oder zu tun, das in irgendeiner Form heilsam

---

* Die Begriffe „morphogenetisches Feld" und „morphische Resonanz" wurden 1995 von dem Biologen Rupert Sheldrake, dem Verfasser von *Das schöpferische Universum*, geprägt. Mit diesem Konzept möchte er erklären, wie Informationen unabhängig von der Entfernung auf energetischem Wege zwischen Menschen übermittelt werden.

wirkt. Wer weiß? Wir haben die Erfahrung gemacht, dass dies häufig der Fall ist. Außerdem erfolgt Heilung mit größerer Wahrscheinlichkeit auf diesem Weg, als durch Konfrontation.

Dadurch wird es auch unwichtig, ob der Missbrauch tatsächlich geschehen ist oder nicht. Viele Menschen haben so genannte „Flashbacks“ bzw. spontane Erinnerungen an Missbrauchsereignisse in der frühen Kindheit. Häufig bestehen Zweifel an der Zuverlässigkeit solcher Erinnerungen. Manche Leute vermuten, dass Therapeuten mit ungelösten Missbrauchsthemen ihre Energie unbewusst auf den Klienten übertragen. Es könnte sich auch um eine Erinnerung an ein früheres Leben oder um Botschaften aus dem kollektiven Unbewussten handeln.

Wenn wir mit *Radikaler Vergebung* daran arbeiten, ist das unwichtig. Das Energiefeld wird aufgelöst, gleichgültig, welchen Ursprung es hat. Der Betroffene kann sein Leben weiterleben, niemand wird – fälschlicher- oder berechtigterweise – beschuldigt, und es ist sehr wahrscheinlich, dass die Beziehungen heilen. Alle gewinnen.

Am Ende dieses Prozesses haben sich die Gedanken, Gefühle und Überzeugungen, nach denen körperliche Attraktivität mit einem erhöhten Risiko eines sexuellen Übergriffs verbunden ist, genauso und im gleichen Moment aufgelöst wie das Energiefeld. Damit gibt es auch keinen Grund mehr, an seinem Übergewicht festzuhalten. Der Betroffene benötigt sein überschüssiges Gewicht jetzt nicht mehr.

Gewohnheiten verändern

Wenn wir die emotionalen Gründe für das Festhalten am Gewicht loslassen, ist dies ein Riesenschritt nach vorne. Sofern wir abnehmen wollen, müssen wir aber gleichzeitig auch darüber nachdenken, einige unserer Gewohnheiten im Hinblick auf unseren Körper und Lebensstil zu verändern. Damit meine ich jene Gewohnheiten, die wir uns im Laufe der Jahre zu eigen gemacht haben, weil sie uns halfen, uns durch unser Gewicht zu schützen.

Teil IV
Bestimmung

21: Seine Bestimmung finden

Vielleicht sind Sie der Auffassung, dass man zielgerichtete Entscheidungen nur treffen kann, wenn man vorher den Zweck der Entscheidung geklärt hat. Dann hätte ich dadurch, dass ich das Kapitel über die Bestimmung ans Ende des Buches setze, das Pferd sozusagen beim Schwanz aufgezäumt. Ich finde jedoch, es gehört hierhin. Bei dieser Art von Buch IST das Ende nämlich der Anfang. Hier beginnen wir, alles in die Praxis umzusetzen – oder auch nicht. Wenn wir uns für die Umsetzung entscheiden, dann können wir uns keine bessere Frage als „Was ist meine Bestimmung?“ stellen, bevor wir zur Tat schreiten.

Wenn ich mir diese Frage stelle, muss ich meinem Leben einen Sinn und eine Ausrichtung geben. In Zusammenhang mit diesem Buch hilft die Frage auch bei der Entscheidung, was ich manifestieren möchte.

Das ist ein weiterer guter Grund dafür, die Frage erst am Ende des Buches zu stellen. Schließlich hängen Ihre Antworten von Ihrem Weltbild ab.

Glauben Sie an das alte – in Kapitel 4 beschriebene – Paradigma, demzufolge das Leben einfach ein Glücksspiel ist, hinter dem wenig bzw. gar kein Sinn steckt? Dann werden Sie für Ihr Leben eine ganz andere Bestimmung sehen, als wenn Sie die Welt aus dem metaphysischen Blickwinkel betrachten. Nun haben Sie das Buch bereits fast zu Ende gelesen, und so gehe ich einmal davon aus, dass Sie zumindest bereit sind, mich meine Ausführungen über die Bestimmung im Zeichen des metaphysischen Paradigmas statt vor dem Hintergrund des alten Paradigmas machen zu lassen.

Der höhere Zweck hinter dem Menschsein

Ich habe es bereits mehrmals angedeutet: Unser Dasein hat einen bestimmten höheren Zweck. In meinen Augen – dafür habe ich allerdings keine Beweise – existieren wir in erster Linie deshalb in physischer Gestalt, um das Bewusstsein Gottes zu erweitern.

Ich möchte Ihnen diesen Gedanken anhand eines Auszugs aus meinem Buch *A Radical Incarnation* erläutern. In der Geschichte geht es um eine Seele namens Jack, die von Harley, ihrem Inkarnationsengel, auf ihre anstehende Inkarnation vorbereitet wird. In dem folgenden Auszug unterhalten sich die beiden über die Vorstellung, dass Gott (die universelle Intelligenz) sein Bewusstsein erweitert.

> *... Harley nahm den Faden genau dort wieder auf, wo er vorhin abgeschweift war.*

„Vorhin streifte ich kurz die Frage, ob hinter all dem eine Absicht stecke, da die universelle Intelligenz ihr Bewusstsein ständig erweitern muss. Lass uns jetzt darüber sprechen, denn das ist ein zentraler Punkt."

„Jack, hast du eine Ahnung, wie die universelle Intelligenz und alles andere entstanden sind?"

„Nicht wirklich", antwortete ich. Dabei schaute ich in die Runde, um sicherzugehen, dass ich nicht der Einzige war, der etwas so Wichtiges nicht wusste. „Aber ich würde es gerne wissen. Ich habe mir diese Frage bisher noch nie gestellt. Für mich war stets klar, dass es die universelle Intelligenz immer schon gab."

„Nun, nicht wirklich“, entgegnete Harley. „Ich werde versuchen, es dir so einfach wie möglich zu erklären. Es ist nicht leicht zu verstehen. Also pass gut auf.“

„Du kennst doch sicher die Theorie vom Urknall, oder? Die Menschen haben sich lange mit der Entwicklung dieser Theorie beschäftigt, und sie liegen damit im Grunde genommen gar nicht so falsch. Allerdings ist der Punkt, den sie noch nicht ganz verstanden haben, gleichzeitig der entscheidende Aspekt. Ich meine die Frage, was vor dem Urknall war. Da die Menschen so besessen von der Vorstellung von Zeit und Raum sind, können sie sich nicht vorstellen, dass irgendetwas entstehen könnte, ohne dass es zuvor bereits etwas gab. Das ist ein echtes Problem für sie.“

„Es ist jedoch in der Tat so, dass es vor dem Urknall nichts gab außer Bewusstsein – reines Potenzial. Das war alles. Zumindest bis das Bewusstsein den ersten Gedanken gebar.“

„Und was war das für ein Gedanke?“, fragte ich nervös.

„Was, wenn es noch etwas anderes gibt?“, erwiderte Harley dramatisch.

„Das ist alles?“

„Das war alles.“ bestätigte Harley. „In dem Moment, in dem dieser Gedanke im Feld des Bewusstseins auftauchte, ereignete sich der Urknall. Das materielle Universum manifestierte sich augenblicklich, und in genau diesem Moment wurde das universelle Bewusstsein intelligent. Gott war da.“

Harley stand mit einem triumphierenden Blick da, als sei der Urknall allein sein Verdienst. Wir waren alle sprachlos, aber er war so aufgeregt, dass er kaum Atem holte, bevor er fortfuhr.

„Wie ihr aus euren bisherigen Studien wisst, ist das materielle Universum seither immer weiter gewachsen und hat sich mehr und mehr ausgedehnt. Wissenschaftler haben sogar die Geschwindigkeit, in der

es sich ausdehnt, gemessen. Und genauso wie das materielle Universum ist auch die universelle Intelligenz immer weiter gewachsen und hat sich ausgedehnt. Folglich muss auch Gott ständig sein Bewusstsein erweitern, da er Teil dieses sich ausdehnenden Universums ist. Euch wird auffallen, dass man auf der Erde manchmal von Gott als dem ‚Universum' spricht. Das ist kein Zufall."

„*Nachdem die universelle Intelligenz das Potenzial für unendliche Schöpferkraft freigesetzt hatte, erschuf sie uns und alle anderen intelligenten Lebensformen, um sich weiter ausdehnen zu können. Das ist im Grunde genommen der einzige Grund, warum die universelle Intelligenz uns erschuf.*"

„*Wieso?*", *fragten wir wie aus einem Mund.*

„*Da die universelle Intelligenz sich selbst nicht als sich selbst erfahren konnte, erschuf sie uns, um sich durch uns erfahren zu können. Diese Erfahrung dehnt sich im Zuge der Ausdehnung des Universums immer weiter aus. Das ist damit gemeint, wenn es heißt, Gott sei unser Vater und wir seien die Kinder Gottes.*"

„*Jetzt wird es interessant*", *fuhr Harley fort und beugte sich zu uns, als wolle er uns etwas besonders Wertvolles mitteilen.* „*Ohne uns gäbe es Gott nicht.*"

„*Das verstehe ich nicht. Was meinst du damit, Harley?*", *fragte ich.*

„*Schau Jack, ich glaube, du verkomplizierst die Sache unnötig*", *sagte Harley leicht ungeduldig.* „*Es ist im Grunde genommen ganz einfach. Gott erschuf uns und gab uns die Fähigkeit, diese Welt der Dualität und Körperlichkeit zu betreten und zu verlassen, ...*"

„*Du meinst die Welt der Formen, die aus diesem ersten Gedanken und dem anschließenden Urknall entstand?*" *unterbrach ich ihn.*

„*Genau*", *bestätigte Harley und fuhr fort:* „*... um die Welt so indirekt über uns zu erfahren. Auf diese Weise würde sich die universelle Intelligenz weiter in Einklang mit dem materiellen Universum ausdehnen.*"

„Wir sind die Voraussetzung, damit diese Ausdehnung möglich ist, Jack. Jede einzelne Seele, die inkarniert, und alle, die – wie dein Team hier – diesen Prozess unterstützen, spielen eine zentrale Rolle bei der Erweiterung des Bewusstseins Gottes. Das meine ich, wenn ich sage, dass es Gott ohne uns nicht gäbe."

„Das bedeutet also, dass ich, sobald ich einen menschlichen Körper annehme, Gott in physischer Form in der materiellen Welt bin. Korrekt?"

„Ja", bestätigte Harley. „Es ist, als habe die Hand Gottes einen Handschuh übergestreift – und du bist dieser Handschuh. Ohne diesen Handschuh könnte die universelle Intelligenz die materielle Welt nicht erfahren. Ist dir jetzt klar, warum du das tust und worum es dabei geht?"

„Nun, auf jeden Fall klarer als vorher", antwortete ich. „Ich hatte im Prinzip keine Ahnung, dass meine Reise im Dienste der Erweiterung des Bewusstseins der universellen Intelligenz stehen würde. Bisher war ich davon ausgegangen, dass es mir als spirituellem Wesen bewusster werden solle, was universelle Intelligenz – oder Gott – wirklich ist."

„Das stimmt auch", erwiderte Harley. „Aber lass uns diesen Punkt nach der Pause vertiefen."

Weiter hinten im Buch erläutert Harley dann:

„Das Hauptziel dieser menschlichen Reise besteht darin, das Gegenteil von dem zu erfahren, was wir hier oben als Wahrheit kennen – EINHEIT und LIEBE. Wenn wir Erfahrungen mit den entgegengesetzten Qualitäten machen, lernen wir EINHEIT und LIEBE umfassender kennen. Mit diesem Wissen erreichen wir eine völlig neue Ebene in unserem spirituellen Wachstum und erweitern das Bewusstsein der universellen Intelligenz noch mehr. Kannst du mir bis hierher folgen, Jack?"

„Klar.“

„Du erinnerst dich sicher noch daran, dass du als Mensch während deines Erdenlebens damit rechnen musst, verlassen, abgelehnt, verraten, terrorisiert und sogar gefoltert zu werden. Das sind nur ein paar Beispiele für die Erfahrungen, die dir helfen werden, das Gegenteil von LIEBE und EINHEIT voll und ganz zu erleben. In Ordnung, Jack?“

„Nun, ich denke, das ist in Ordnung. Ich kann aber nicht gerade sagen, dass ich mich auf all das freue.“

„Du darfst nicht denken, dass es im Leben nichts anderes gibt“, betonte Harley. „Viele menschliche Erfahrungen sind wunderschön. Ich möchte sogar fast sagen, dass die meisten so sind. Jeder Tag ist reich an Gelegenheiten, LIEBE und Glückseligkeit, Harmonie und Frieden zu erfahren.“

„Wir werden später noch sehen, dass die Erfahrungen mit hoher Schwingung für unser spirituelles Wachstum genauso wichtig sind wie die scheinbar weniger angenehmen Erfahrungen. Vielleicht geschieht unser größtes spirituelles Wachstum eines Tages, wenn wir den Opferarchetyp transzendiert und aufgegeben haben, nicht mehr als Folge von Unglück und Schmerz, sondern wenn wir Schönheit, Mitgefühl, Dankbarkeit und all die anderen wundervollen Qualitäten erfahren, die den Geist nähren.“

„Gegenwärtig sind alle Menschen aus freiem Willen noch dem Opferdasein, Schmerz und Leid verhaftet. Deshalb fließt die Energie in diese Richtung. Spirituelles Wachstum geschieht da, wo die Energie am stärksten in Bewegung ist. Daher bedienen sich die Menschen nach wie vor eher dieser Qualitäten als Katalysator für ihr Wachstum und weniger der positiven Erfahrungen. Vielleicht wird das bald anders und die Menschen können Erfahrungen, die auf Freude und Harmonie basieren, als Katalysator für ihr Wachstum wählen.“

„Für uns hier oben ist es natürlich unerheblich, ob sich das ändert oder nicht, Jack. Uns ist nicht wichtig, durch welche Erfahrungen Menschen wachsen. Wir sind einzig daran interessiert, dass überhaupt Wachstum stattfindet, damit die Menschen sich daran erinnern, wer sie sind, und das Bewusstsein von EINHEIT erweitern."

„Die Konzentration auf die scheinbar negativen Erfahrungen spiegelt nur wider, wie begierig der Mensch gegenwärtig auf die Energie ist, die mit Schmerz und Leid verbunden ist – und ganz besonders auf die Energie des Opferdaseins. Wir folgen dieser Energie überallhin. So ist das!"

Lockerheit mit Sinn

So durchzieht die Unterhaltung etwa zwei Drittel des Buches. Das Gespräch steht bei aller Lockerheit in Einklang mit der Vorstellung, dass alles aus einem bestimmten Grund passiert und sich hinter allem, was passiert, ein Sinn und ein ZWECK verbergen. Diese Vorstellung ist ja auch die Grundlage der *Radikalen Vergebung*.

Mit Hilfe dieser Geschichte können wir mit den Gefühlen in Kontakt kommen, die uns wissen lassen, dass wir mit der universellen Intelligenz (Gott) verbunden sind und dass die universelle Intelligenz in jedem von uns wohnt. Außerdem können wir vor diesem Hintergrund den Zweck unseres Daseins auf diesem Planeten nach unserer eigenen persönlichen Schöpfungsgeschichte gestalten.

Persönliche Bestimmung

Wir kommen nun auf unseren persönlichen Daseinszweck – unsere Bestimmung – zu sprechen. Die Klarheit im Hinblick auf unsere Bestimmung unterscheidet sich nicht von der Klarheit in Bezug auf andere Aspekte unseres Lebens. Wenn wir uns darüber klar werden wollen, was wir manifestieren möchten, dann müssen wir

– wie wir ja bereits entdeckt haben – darauf achten, wie wir uns dabei fühlen. Dasselbe gilt auch für unsere Bestimmung. Wenn wir von guten Gefühlen wie Inspiration, Leidenschaft und Freude erfüllt werden, ist das ein Zeichen dafür, dass wir unsere Bestimmung gefunden haben.

Wenn wir uns mit unserer Bestimmung verbinden, können wir unsere Energie fokussieren und so unser begrenztes Selbstbild überwinden. Wir werden ermächtigt, alles zu leben, was in uns steckt. Das Einschwingen auf unsere Bestimmung hilft uns auch, herauszufinden, was wir in unserem Leben am besten manifestieren sollten, um unsere Bestimmung auch wirklich zu leben.

Die Ebenen der Bestimmung

Bei den Absichten konnten wir drei Ebenen unterscheiden, bei denen sich die untere jeweils auf die nächsthöhere bezog. So werden wir auch im Hinblick auf die Bestimmung vorgehen. Meine Bestimmung – wegen der ich in diese Reise durch die Welt des Menschlichen eingewilligt habe – kann folgendermaßen unterteilt werden:

1. Ebene: Das Bewusstsein Gottes erweitern

2. Ebene: Dualität und Trennung als Möglichkeit erfahren, um das Bewusstsein von Einheit und Liebe zu erweitern

3. Ebene: Der Essenz von dem, was mich als Mensch ausmacht, bestmöglich und mit allem, was mir zur Verfügung steht, Ausdruck verleihen

Die ersten beiden Ebenen entziehen sich unserem Verständnis und unserem bewussten Gewahrsein. Hier haben wir es mit Vereinbarungen der Seele zu tun. Unsere Seele und die Seelen, die uns führen, entscheiden darüber, wie wir Trennung erfahren, in welchem Umfang und mit wem wir sie erschaffen. Die Erfahrung manifestiert sich über unsere spirituelle Intelligenz in der Welt der Formen. In dieser Hinsicht wird uns unsere Bestimmung vorgegeben. Wenn es irgendwann unsere göttliche Bestimmung sein sollte, ein Mörder zu sein, dann können wir nichts dagegen tun. Auf dieser Ebene ist das nicht unser Spiel.

Die dritte Ebene ist die einzige, bei der wir direkt mit von der Partie sind. Es ist die einzige Ebene, auf der wir unser Wissen, unser Gespür, unsere Werte, unser Verständnis, unsere Motivationen, Talente und Fähigkeiten bewusst und unbewusst einsetzen, um unserer Bestimmung Ausdruck zu verleihen. Bei diesem Spiel wird niemand ausgeschlossen. Alle spielen mit, und niemand spielt besser oder schlechter als die anderen, sofern sich die Bestimmung der dritten Ebene auf die Bestimmungen der ersten und zweiten Ebene bezieht. Das bedeutet, es gibt keine „bessere“ oder „schlechtere“ Bestimmung. Genauso wenig ist man „weiter“ oder „weniger weit“ auf dem spirituellen Weg als andere. Meiner Ansicht nach gibt es keine „spirituelle Elite“. Wir befinden uns alle auf einem spirituellen Weg, und wir befinden uns alle dort, wo wir sein sollen.

Je nachdem, wo wir uns auf unserer Reise befinden, sind wir allerdings in der Lage, unsere Bestimmung auf die beiden Ebenen darüber zu beziehen oder nicht. Falls wir noch im Opferdasein verhaftet sind, drückt sich unsere Bestimmung höchstwahrscheinlich auf einer niedrigen Ebene aus, in der es um materialistische Werte und um das Überleben geht. Das ist in Ordnung. Erst wenn wir uns an einem vorherbestimmten Zeitpunkt der Wahrheit öffnen und uns vom Opferdasein verabschieden, können wir unsere Bestimmung vor dem Hintergrund des größeren Bildes sehen und uns auf die Bestimmungen der beiden höheren Ebenen einschwingen. Auch das ist vollkommen in Ordnung.

Für meine weiteren Ausführungen über Bestimmung werde ich davon ausgehen, dass Sie diesen Punkt erreicht haben, denn ich bezweifle, dass Sie dieses Buch überhaupt lesen würden, wenn dies nicht der Fall wäre.

Eine konkrete Bestimmung verleiht unserem Leben – wie gesagt, einen Sinn, Klarheit und einen Fokus. Wenn wir die erste und zweite Ebene als Rahmen für unsere Bestimmung sehen, können wir den größeren Zusammenhang erkennen. Anschließend müssen wir aber wieder auf den Boden zurückkommen und diese Bestimmung in uns selbst entdecken.

Jetzt möchte ich Ihnen eine einfache und wirksame Methode vorstellen, wie Sie Ihre Bestimmung entdecken können.

Entdecken Sie Ihre Bestimmung

1. Listen Sie alle Talente, Fähigkeiten, Begabungen, Interessen und persönlichen Qualitäten auf, die Ihnen bewusst sind.

Beispiel:

Kreativ
Künstlerisch (Maler)
Geduldig
Guter Wissenschaftler
Kann gut mit Kindern umgehen
Guter Redner
Musikalisches Können
Intellektuell
Tanz

2. Fragen Sie Menschen, die Sie gut kennen – Freunde, Angehörige, Kollegen usw. – welche Fertigkeiten, Talente, Qualitäten und Fähigkeiten sie in Ihnen sehen und an Ihnen schätzen. Fertigen Sie eine Extra-Liste davon an, auch wenn manche dieser Eigenschaften mit denen auf Ihrer Liste identisch sind. Achten Sie besonders auf die Eigenschaften, die Sie sich selbst nicht zugesprochen haben.

Beispiel:

Musikalisches Talent
*Führungspersönlichkeit**
*Freundlich**
*Mitfühlend**
*Didaktische Fähigkeiten**

* *Habe ich mir nicht zugesprochen*

3. Bewerten Sie danach jede Qualität auf einer Skala von 0 – 100, wie ausgeprägt die Fähigkeiten, Talente usw. jeweils sind. Die Null bedeutet „überhaupt nicht ausgeprägt", 100 steht für „sehr stark ausgeprägt" und 50 für „durchschnittlich ausgeprägt". Seien Sie diesbezüglich möglichst objektiv. Fragen Sie gegebenenfalls noch andere Personen.

Beispiel:

Kreativ	*70*
Künstlerisch (Maler)	*40*
Geduldig	*20*
Guter Wissenschaftler	*40*
Kann gut mit Kindern umgehen	*60*
Guter Redner	*30*
Musikalisches Können	*60*
Intellektuell	*40*
Tanz	*20*
Führungspersönlichkeit	*50*
Freundlich	*50*
Mitfühlend	*60*
Didaktische Fähigkeiten	*60*

4. Bewerten Sie alle Punkte auf einer Skala von 0 – 100 danach, mit wie viel **Begeisterung** Sie sie jeweils praktizieren. Die Null bedeutet, Sie hassen diese Qualität und würden sie niemals freiwillig praktizieren. 100 bedeutet, sie bereitet Ihnen große Freude und Ihnen tut jeder Augenblick leid, in dem Sie sie nicht ausüben. 50 bedeutet, Sie empfinden weder große Begeisterung noch Ablehnung. Das heißt, wenn Sie die Qualität praktizieren, macht Ihnen das recht viel Spaß, doch Sie würden dafür nicht unbedingt Himmel und Hölle in Bewegung setzen. Vergeben Sie die Punkte nicht danach, wie viel Bestätigung Ihnen die Tätigkeiten bzw. Qualitäten jeweils einbringen. Das mag sich gut anfühlen, ist aber nicht so wichtig wie das Gefühl, das in Ihnen einfach dadurch aufkommt, dass Sie die betreffende Qualität leben. Sie können das überprüfen, indem Sie auf Ihr Bauchgefühl achten, während Sie das Wort aussprechen oder daran denken, diese Qualität bzw. dieses Talent auszudrücken. Ist es positiv oder negativ? Fühlen Sie sich dadurch gut oder nicht?

Beispiel:

	Ausprägung	*Begeisterung*
Kreativ	*70*	*80*
Künstlerisch (Maler)	*40*	*95*
Geduldig	*20*	*60*
Guter Wissenschaftler	*40*	*5*
Kann gut mit Menschen umgehen	*20*	*50*
Kann gut mit Kindern umgehen	*60*	*60*
Guter Redner	*30*	*10*
Musikalisches Können	*60*	*70*
Intellektuell	*40*	*10*
Tanz	*20*	*40*
Führungspersönlichkeit	*20*	*20*
Freundlich	*50*	*50*
Mitfühlend	*60*	*60*
Didaktische Fähigkeiten	*60*	*70*

Hinweis: Es besteht kein direkter Zusammenhang zwischen der Ausprägung einer Qualität und der Begeisterung oder Freude, die man beim Ausüben der Qualität empfindet. Die Person aus unserem Beispiel ist intellektuell und ein guter Wissenschaftler, aber das bereitet ihr keine Freude. Ihr Talent für das Malen ist genauso groß wie die beiden erstgenannten Qualitäten, aber von dieser Tätigkeit ist sie hellauf begeistert.

5. Wählen Sie fünf Punkte, die auf der Begeisterungs-Skala gut abschneiden, unabhängig davon, wie ausgeprägt diese Qualitäten jeweils sind. Notieren Sie dann, wie Sie diese Qualitäten gerne ausdrücken.

Beispiel:

Kreativität
Künstlerisch (Maler)
Musikalisches Können
*Didaktische Fähigkeit*en

Kreativität:

Meine Kreativität drücke ich gerne dadurch aus, dass ich neue Möglichkeiten der visuellen Wahrnehmung auslote. Meine Wahrnehmungen drücke ich optisch mit Gemälden auf allen möglichen *Medien sowie durch Tanz und Musik aus.*

Malen:

Ich finde es toll, mich im Malen zu verlieren und meine Gefühle auf diese Weise auszudrücken. Ich lerne mich selbst und die Welt um mich herum besser kennen, weil ich alles in einem neuen und aufregenden Licht sehe.

Musikalisches Können:

Ich spiele sehr gerne Klavier und Tasteninstrumente, und ich experimentiere gerne mit Tönen und Harmonien, die ich multimedial mit meinen Gemälden verbinden kann.

Didaktische Fähigkeiten:
Ich arbeite sehr gerne mit Kindern, weil sie so kreativ und frei sind, wenn man sie lässt. Ich scheine die Fähigkeit zu besitzen, diese Qualitäten in ihnen wachzurufen.

6. Fassen Sie Ihre Bestimmung in grandiose Worte. Notieren Sie, was Sie erreichen oder tun würden, wenn Sie all diese Talente so ausleben würden, dass Ihre Begeisterung durch nichts getrübt würde, und wenn Sie keinerlei Beschränkungen unterworfen wären.

Beispiel:

> *„Meine Bestimmung ist es, mit Hilfe meines Mitgefühls, meiner Geduld und meiner Fähigkeit, Kinder zu inspirieren, ihren kreativen Geist zu erwecken und zu nähren. Indem ich meine Leidenschaft für künstlerische Bestrebungen durch Malerei, Tanz und Musik ausdrücke, zeige ich ihnen, wie viel Kraft in der Kunst steckt und wie sie Millionen Menschen Freude bereiten kann."*

7. Kürzen Sie diese Formulierung jetzt zu einer kurzen und einprägsamen Aussage. In der ersten Aussage ist zwar alles Wesentliche enthalten, doch sie ist lang und schwerfällig. Man kann sie sich nur schwer merken. Eine Aussage zu Ihrer Bestimmung sollte etwas sein, das Sie oft wiederholen. Daher muss sie kurz, leicht zu sagen und einfach zu merken sein.

Beispiel:

> *Meine Bestimmung ist es, Kinder zu inspirieren, ihren kreativen Geist auszuleben und Freude am kreativen Prozess zu haben. Außerdem verwirkliche ich meine volle kreative Kraft als Künstler.*

8. Achten Sie darauf, wie es sich anfühlt. So können Sie überprüfen, ob Sie mit der Formulierung richtig liegen. Basteln Sie daran herum, bis sich die Aussage stimmig und wirklich passend anfühlt. Wenn sie sich nicht wunderbar anfühlt, dann schauen Sie noch einmal drauf. Vielleicht haben Sie ja das Falsche an den Anfang gestellt. Im vorliegenden Beispiel geht aus den Listen hervor, dass das eigentliche Feuer für die Kunst und hier speziell für die Malerei brennt, die mit 95 Punkten bewertet wurde. Der Umgang mit Kindern wurde mit 60 und das Unterrichten (didaktische Fähigkeiten) mit 70 Punkten bewertet. Mir stellt sich hier die Frage, ob der Betreffende in diesem Fall nicht regelrecht Verrat an sich selbst begeht, indem er auf das setzt, was möglich bzw. erreichbar scheint, und nicht auf das, was ihm wirklich ein Herzenswunsch ist.

Versuchen wir es noch einmal. Es folgt eine andere Version von Schritt Nr. 7. Jetzt ist die Malerei die eigentliche Bestimmung und das Unterrichten von Kindern kommt erst an zweiter Stelle:

> *„Meine Bestimmung ist es, die Art und Weise zu verändern, in der Millionen von Menschen die Welt sehen. Ich setze mein Talent als Maler, Musiker und Tänzer ein, um den Menschen ein neues Verständnis von Realität zu vermitteln. Außerdem nutze ich meine didaktischen Fähigkeiten, um Herz und Geist von Kindern für die Freude am kreativen Prozess zu öffnen.“*

Die gekürzte Version lautet wie folgt:

> *„Meine Bestimmung ist es, die Welt durch meine Kunst zu verändern, indem ich den Menschen die Augen für das öffne, was wirklich bedeutsam ist. Gleichzeitig befreie ich den kreativen Geist von Kindern.“*

Diese Formulierung scheint eher der wahren Bestimmung zu entsprechen. Es macht nichts, dass diese Fähigkeiten noch nicht besonders ausgeprägt sind. Das kann man sich durch Üben aneignen. Und genau diese Möglichkeit zum Üben kann mit Hilfe der *Radikalen Manifestation* kreiert werden. Bei so viel Absicht (95 Prozent Begeisterung) ist das praktisch garantiert!

Epilog von JoAnn Tipping

Als ich den Buchentwurf las, fragte ich meinen Mann: „Wo ist das Kapitel über Dankbarkeit? Ist Dankbarkeit denn nicht ein wichtiger Teil des Manifestationsprozesses? Geht es nicht darum, im Voraus dankbar für das zu sein, was man sich wünscht?"

„Ich habe diesen Aspekt häufig angesprochen, ihm aber kein eigenes Kapitel gewidmet", antwortete er. „Möchtest du vielleicht ein Nachwort über Dankbarkeit schreiben, um das Thema auf den Punkt zu bringen?" Nun, da konnte ich schlecht Nein sagen, oder?

Dankbarkeit verbinde ich mit diesem wunderbaren Gefühl des Dankes und der Wertschätzung, das uns erfüllt, wenn wir mit etwas beschenkt werden. Es ist ein tolles Gefühl. Aber „im Voraus dankbar sein"? Das ist nicht gerade leicht. Wie kann man es schaffen, Dankbarkeit zu empfinden, wenn das, weshalb man sich dankbar fühlen möchte, noch gar nicht eingetroffen ist?

Die Antwort liegt im Üben. Im Voraus Dankbarkeit zu empfinden ist genauso eine Fertigkeit wie die Fertigkeiten, von denen Colin in Kapitel 13 spricht. Das habe ich am eigenen Leib erfahren, als ich nach einer Sitzung zu *Ein Kurs in Wundern®* an einem regnerischen Abend im Dunkeln nach Hause fuhr. Ich war deprimiert und müde bei dem Kurs angekommen und hatte ihn in demselben Zustand verlassen.

Wir hatten uns mit Lektion 344 des Übungsbuches befasst: *„Heute lerne ich das Gesetz der Liebe: Das, was ich meinem Bruder gebe, ist meine Gabe an mich ... Lass meine Brüder, denen vergeben ist, meine Schatzkammer mit des HIMMELS Schätzen füllen, die* *allein wirklich sind.*" Wir sprachen darüber, dass Geben und Nehmen ein- und dasselbe sind und dass beides Dankbarkeit erzeugen kann. Obwohl ich nach wie vor deprimiert war, beschloss ich, auf dem Heimweg nach des „Himmels Schätzen" in meinem Leben Ausschau zu halten. Zunächst spürte ich viel Widerstand in mir und hielt das Ganze für unmöglich. Eigentlich wollte ich mich lieber auf die weniger guten Aspekte in meinem Leben konzentrieren, um meine negativen Gefühle zu nähren. Dann begann ich aber einfach mit dem, was mich direkt umgab.

Ich bin dankbar für den Regen.

Ich bin dankbar für die Nacht.

Ich bin dankbar für das Auto, das mich sicher nach Hause bringt.

Ich bin dankbar für die Scheinwerfer, die mir den Weg weisen.

Ich bin dankbar für meine eigenen Augen, mit denen ich sehe.

... und so weiter.

Ich erkannte langsam, dass ich reich mit den Schätzen des Himmels beschenkt war und angesichts dieser Fülle überkam mich ein tiefes Gefühl der Dankbarkeit. Nachdem ich mich zunächst auf die Gegenwart konzentriert hatte, kamen jetzt Dinge aus meiner Kindheit hoch, für die ich dankbar war. Ich brach in Tränen aus, als ich mich an all die Kleinigkeiten erinnerte, die mich damals aufgeregt hatten und für die ich jetzt dankbar war. Ein Umstand, den ich immer als Katastrophe für mein Leben betrachtet hatte, kam besonders deutlich in mir hoch. In der zweiten Klasse war ich sitzen geblieben, weil ich wegen Hepatitis vier Monate unter Quarantäne stand und nicht zur Schule gehen konnte. Jetzt erkannte ich die Vollkommenheit der Situation und spürte die Dankbarkeit.

All diese Dinge sprach ich laut aus, während ich um Viertel nach neun abends im mollig warmen Auto so die Straße entlangfuhr.

Ich weinte und lachte angesichts der Worte der Dankbarkeit, die wie von allein – Satz für Satz – aus mir herausströmten. Gedanken ließ ich nicht dazwischenfunken. Ich erwies der Dankbarkeit die Ehre und dankte meinen Lehrern, Liebhabern, Haustieren, den Ampeln und Schlaglöchern. Diese beglückende Erfahrung erfüllte mich mit tiefer Freude und verhalf mir zu Erkenntnissen, die ich sonst wahrscheinlich nie gehabt hätte. Der Prozess war ein „lauthalses Zulassen" von Liebe und Dankbarkeit und dauerte eine geschlagene halbe Stunde.

Glückselig und voller Freude kam ich zu Hause an. Meine Müdigkeit und Niedergeschlagenheit waren wie weggeblasen. Einfach indem ich meinen Dank zum Ausdruck gebracht hatte – obwohl dies zunächst ja gar nicht meine Absicht gewesen war – hatte eine Verwandlung in mir stattgefunden.

Wenn mir *Radikale Manifestation* damals schon vertraut gewesen wäre, hätte ich wahrscheinlich direkt nach einem Arbeitsblatt zur *Radikalen Manifestation* gegriffen und ohne zu Zögern um alles gebeten, was ich mir wünschte. Ich war in dem Moment nämlich von so viel Dankbarkeit erfüllt, dass ich wahrscheinlich alles hätte anziehen können.

Stattdessen holte ich einen in Schönschrift geschriebenen Text mit dem Titel *Abundance (Fülle)* hervor. Das Original stammte von Arnold M. Patent. Er hatte es mir im September 1991 auf einem Workshop überreicht, an dem ich teilnahm. Der Titel dieses Workshops war *Celebration of Abundance* (*Das Feiern der Fülle*). Diesen Text möchte ich mit Ihnen teilen. Er ist meiner Meinung nach ein guter Abschluss für dieses Buch, denn er enthält den Kern der Botschaft von *Ich manifestiere*. Sie können den Text gar nicht oft genug lesen.

Mit den besten Wünschen!
JoAnn

Fülle

Fülle ist der natürliche Zustand des Universums.

Ich lasse allen Widerstand gegen Fülle los.

Ich fühle, wie ich jetzt allen Widerstand gegen Fülle loslasse.

Ich öffne mich dafür, Fülle zu empfangen.

Ich fühle, wie ich Fülle großzügig mit anderen teile.

Während ich Liebe verschenke und empfange, spüre ich,
wie ich mich für die Fülle öffne.

Meine Bereitschaft, liebevoll von anderen zu empfangen,
ist meine Art, andere darin zu unterstützen,
sich selbst zu beschenken.

Meine Bereitschaft, anderen liebevoll zu geben, ist meine Art, mich
selbst zu beschenken.

Ich fühle jetzt, wie die Fülle zu anderen und zu mir zurück fließt.

Ich fühle jetzt, wie die Fülle ins Universum
und zu mir zurück fließt.

Ich fühle jetzt Dankbarkeit für das Geschenk,
das ich gerade gemacht und erhalten habe.

Ich weiß und ich fühle, dass Fülle der natürliche Zustand
des Universums ist und dafür danke ich.

Arnold M. Patent

ANHANG

Arbeitsblatt zur *Radikalen Manifestation*

1. Was ich mir aus tiefsten Herzen wünsche:

---

2. Die wirklichen Gefühle, die hinter diesem Bedürfnis stehen, sind: *(Seinen Sie ehrlich, authentisch und werten Sie nicht.)*

☐ Sehnsucht ☐ Entrüstung ☐ Trauer ☐ Wut ☐ Liebe

☐ Verlust ☐ Erwartung ☐ Berechtigung ☐ Hoffnung ☐ Stolz

☐ Bedürftigkeit ☐ Empathie ☐ Rechtschaffenheit ☐ Angst

☐ Traurigkeit ☐ Scham ☐ Schuldgefühle ☐ Mitgefühl

☐ Anderes ______________________________

3. Ich liebe mich dafür, dass ich es als Mangel empfinde, das Gewünschte nicht zu haben und ich erkenne an, dass ich als Mensch ein Recht auf alle meine Gefühle habe.

☐

4. Ich erkenne jetzt, dass ich diese Situation des Mangels transformieren kann, indem ich formuliere, was ich mir wünsche und warum ich es mir wünsche, und dann meiner spirituellen Intelligenz vertraue, dass sie es in mein Erfahrungsfeld bringen wird.

☐

5. Das, was ich jetzt manifestieren möchte, wünsche ich mir aus folgenden Gründen ...

____

____

6. Meine Absicht lässt nun im Einklang mit dem Universum die Energie gezielt so fließen, dass sich Folgendes manifestieren kann: *(Seien Sie so konkret, dass wirklich alles klar ist.)*

____

____

7. Ich sehe, dass sich meine Absicht bis ____________________ *(Zeitrahmen angeben)* manifestiert.

8. Für sich genommen handelt es sich um eine Absicht

☐ auf der Basisebene

☐ Absicht auf der Ebene der Transformation

☐ Absicht auf der spirituellen Ebene

..., aber sie bezieht sich folgendermaßen auf eine

☐ Absicht auf der Ebene der Transformation

☐ Absicht auf der spirituellen Ebene

____

(Machen Sie deutlich, welche zusätzliche Bedeutung die Absicht auf einer höheren Ebene hat.)

9. Ich erkenne, dass in meinem Unterbewusstsein und Unbewussten wahrscheinlich Überzeugungen, Vorannahmen, überholte Werte und andere Vorstellungen vorhanden sind, die meine Absicht bisher zensiert, zurückgewiesen oder verändert hätten.

☐ Bereit ☐ Offen ☐ Skeptisch ☐ Nicht bereit

10. Den Erfahrungen nach zu urteilen, die ich bisher gemacht habe, könnte es sich bei den negativen Überzeugungen in meinem Unterbewusstsein um folgende Glaubenssätze handeln:

☐ Ich bin es nicht wert. ☐ Ich verdiene es nicht. ☐ Ich bin nicht gut genug. ☐ Das schaffe ich nie. ☐ Mir steht es nicht zu, darum zu bitten. ☐ Ich habe Pech. ☐ Ich bin nicht spirituell genug. ☐ Es ist nicht genug für alle da.

☐ Andere ______________________________

Ich lasse sie jetzt alle los – voll und ganz.

Ich treffe jetzt die klare Entscheidung, solchen Gedanken keine Kraft mehr zu geben. Außerdem umgehe ich mein Unterbewusstsein und Unbewusstes vollständig und ***vertraue meine Absicht meiner spirituellen Intelligenz an***.

☐ Bereit ☐ Offen ☐ Skeptisch ☐ Nicht bereit

11. Ich sehe vor meinem geistigen Auge das, von dem ich weiß, dass es jetzt leicht und frei aus dem Feld der unendlichen Möglichkeiten in meine Realität fließt und sich dort manifestiert. Ich vergrößere dieses innere Bild und kann beschreiben, was ich sehe und höre und was ich dabei **empfinde.** Ich fühle, dass es bereits geschehen ist.

12. Mir ist jetzt klar und ich erkenne an, dass ich mit meinem begrenzten Vorstellungsvermögen möglicherweise nicht die wahre Bedeutung meiner Absicht erkenne und dass das Ergebnis, das ich mir vorstelle, vielleicht nicht das ist, was meine spirituelle Intelligenz und das Universum für mich im Sinn haben.

☐ Bereit ☐ Offen ☐ Skeptisch ☐ Nicht bereit

13. Daher erkläre ich hiermit, dass ich voll und ganz darauf vertraue, vom Universum das zu erhalten, was zum Besten aller Beteiligten ist. Die Energie der Gewissheit, die ich bisher erzeugt habe, wandle ich um in Liebe und Dankbarkeit für den göttlichen Geist, der in mir und allen Dingen weilt.

☐ Bereit ☐ Offen ☐ Skeptisch ☐ Nicht bereit

14. Ich gebe mich nun ganz dem göttlichen Geist hin und wünsche mir nicht mehr, dass sich das, worum ich gebeten habe, in einer bestimmten Form verwirklicht. Ich weiß, dass es bereits geschehen ist, und ich werde die Vollkommenheit darin erkennen, wenn ich es sehe. Ich erkenne, dass meine Ziele auf der Ebene der Transformation und der Spiritualität erfüllt werden.

☐ Bereit ☐ Offen ☐ Skeptisch ☐ Nicht bereit

15. Ich fühle mich vollkommen mit der Quelle meines Seins verbunden und weiß, dass ich von purer Fülle umgeben bin. Ich bin offen dafür, ständig in den Genuss dieser Fülle zu kommen.

☐ Bereit ☐ Offen ☐ Skeptisch ☐ Nicht bereit

Es ist bereits geschehen!

Unterschrift: ______________________ Datum: ______________

Nach dem Buch *Vom Herzenswunsch zur Realität* von Colin Tipping.

Weitere deutschsprachige Informationen und Kopiervorlagen unter **www.weltinnenraum.de** und **www.tipping-methode.de**

Arbeitsblatt zum Thema Geld

1. Mein gegenwärtiges Thema bzw. Problem in Zusammenhang mit Geld ist:

____

____

2. Meine Gefühle in Zusammenhang mit dieser Situation sind: *(Notieren Sie hier Ihre wirklichen Gefühle.)*

____

____

3. Ich liebe mich für diese Gefühle. Meine Gefühle sind eine perfekte Rückmeldung. Sie zeigen mir, wie viel Bedeutung ich Geld zuschreibe.

☐ Bereit ☐ Offen ☐ Skeptisch ☐ Nicht bereit

4. Ich erkenne, dass ich Geld eine Macht zuspreche, die es nicht wirklich besitzt. Ich verbinde mit Geld allgemein und in Bezug auf meine aktuelle Situation folgende einschränkende Gedanken, Überzeugungen und Annahmen:

____

____

5. Ich bin bereit, denjenigen zu vergeben, die mir diese negativen Assoziationen in Zusammenhang mit Geld vermittelt haben. Ich beschließe, innerhalb von 24 Stunden nach Ausfüllen dieses

Arbeitsblattes für folgende Personen ein Arbeitsblatt zur Radikalen Vergebung auszufüllen, um diese Energie zu transformieren.

☐ Bereit ☐ Nicht bereit

6. Ich bin bereit, zu sehen, dass ich dieses Thema mit Geld liebevoll für mich selbst kreiert habe, damit ich lernen und wachsen kann

☐ Bereit ☐ Offen ☐ Skeptisch ☐ Nicht bereit

... und (falls andere beteiligt sind), dass ich durch das Gesetz der Anziehung folgende Personen als Unterstützung in dieses Drama hineingezogen habe:

a)________________ b)________________ c)________________

Ich bedanke mich bei ihnen für ihr Geschenk und beschließe, innerhalb von 24 Stunden nach Ausfüllen dieses Arbeitsblattes für jeden von ihnen ein Arbeitsblatt zur Radikalen Vergebung auszufüllen, um die Energie zu transformieren.

☐ Bereit ☐ Nicht bereit

7. Ich erkenne jetzt, dass Geld neutral ist, keine Macht an sich und keinen immanenten Wert besitzt. Geld ist einfach Energie. Daher muss ich jetzt in Bezug auf die Bedeutung, die ich – wie unter Punkt 4 notiert – Geld zugeschrieben habe, nicht mehr Recht haben. Da Geld im Überfluss vorhanden ist, öffne ich mich dafür, dass Geld jetzt leicht in mein Leben fließt.

☐ Bereit ☐ Offen ☐ Skeptisch ☐ Nicht bereit

8. Ich erkenne jetzt, dass ich, indem ich Geld für ein Problem hielt bzw. halte, mir selbst und anderen Liebe entzogen habe. Ich bin jetzt felsenfest davon überzeugt, dass das Universum ein Ort unendlicher Fülle ist, wo es an nichts mangelt.

☐ Bereit ☐ Offen ☐ Skeptisch ☐ Nicht bereit

9. Ich bin jetzt besonders offen dafür, Geld zu erhalten, und dafür, dass sich dieses Thema bzw. Problem so auflöst, wie es für alle Beteiligten am besten ist.

☐ Bereit ☐ Offen ☐ Skeptisch ☐ Nicht bereit

10. Ich erkenne jetzt, dass ich mit Hilfe des Gesetzes der Anziehung alles in meinem Leben anziehen kann, was ich brauche.

☐ Bereit ☐ Nicht bereit

Ich beschließe jetzt *(sofern dies notwendig ist)*,
ein Arbeitsblatt zur Radikalen Manifestation auszufüllen,
um folgendes herbeizuführen:

____

____

11. Ich bin jetzt bereit und gewillt, die unter Punkt 1 beschriebene Situation anders wahrzunehmen. Dabei sehe ich die Situation aus der Perspektive der Radikalen Vergebung und des metaphysischen Paradigmas, demzufolge alles in göttlicher Ordnung ist. *(Versuchen Sie, die Situation neu zu formulieren.)*

„Ich erkenne jetzt, dass ... ______________________

____

____

12. Ich übergebe die Angelegenheit jetzt meiner spirituellen Intelligenz und vertraue mich dem göttlichen Geist in der beruhigenden Gewissheit an, dass alles in Ordnung ist und dass das, was ich für ein Problem hielt, einfach nur eine falsche Wahrnehmung meinerseits war. Ich habe diese Art der Wahrnehmung bereits aufgelöst, indem ich erkannt habe, dass ich ständig reich mit allem versorgt bin. Jetzt erkenne ich, dass meine

Vorstellungen von Knappheit bzw. Mangel keinerlei Gültigkeit oder Macht haben und ich spreche ihnen nichts Derartiges zu.

☐ Bereit ☐ Offen ☐ Skeptisch ☐ Nicht bereit

13. Ich erkenne jetzt, dass es nicht um Geld ging. Ich habe kein Thema mit Geld. Ich habe das, worum es eigentlich geht – was immer es ist –, dem göttlichen Geist übergeben, und ich vertraue fest darauf, dass sich der göttliche Geist an meiner Stelle darum kümmern wird. Vielen Dank!

☐ Bereit ☐ Offen ☐ Skeptisch ☐ Nicht bereit

Es ist bereits geschehen!

Unterschrift: ______________________ Datum: ____________

Nach dem Buch *Vom Herzenswunsch zur Realität* von Colin Tipping.

Weitere deutschsprachige Informationen und Kopiervorlagen unter **www.weltinnenraum.de** und **www.tipping-methode.de**

Dem Wunder Raum geben

Ein Arbeitsblatt der Tipping-Methode

Datum:____________Arbeitsblatt Nr.:________

Thema über Person, über das/die Du verärgert bist: ______________________________

1: Die Geschichte erzählen

1.1 Die Situation, die mir zu schaffen macht:
(Erlaube Dir hier, ganz sujektiv zu sein.)

1.2a. Ich ärgere mich über Dich / diese Situation, weil:

1.2b. Weil du das getan hast (tust), fühle ich mich:
(Beschreiben hier Deine wirklichen Gefühle.)

2: Auf Gefühle einlassen

Nimm Dir die Zeit, Dich auf Deine Gefühle einzulassen und schaue, wo in Deinem Körper Du sie besonders wahrnimmst.

	Bereit:	Offen:	Skeptisch:	Nicht bereit:
2.3 Ich erkenne meine Gefühleliebevoll an, akzeptiere sie und höre auf, sie zu beurteilen:				
2.4 Es sind meine Gefühle und ich habe ein Recht auf diese Gefühle. Sie spiegeln wider, wie ich die Situation sehe:				
2.5 Obwohl ich es vielleicht nicht verstehen kann, erkenne ich jetzt an, dass meine Seele diese Situation herbeigeführt hat, damit ich lernen und wachsen kann.				

Raum für zusätzliche Bemerkungen

3.6 Ich bemerke, dass sich in meinem Leben Muster wiederholen und ich dadurch zahlreiche Gelegenheiten zur Heilung habe. In der Vergangenheit konnte ich diese allerdings nicht als solche erkennen. Zum Beispiel:
(Benenne hier Personen, mit denen Du die gleichen oder ähnliche Efahrungen gemacht hast.)

3.7 Ich bin bereit zu sehen, dass meine Absicht für dieses Leben (mein „Seelenvertrag") Erfahrungen wie diese beinhalten – aus welchem Grund auch immer:

Bereit:	Offen:	Skeptisch:	Nicht bereit:

3.8 Mein Unwohlsein war mein Signal, dass ich mir selbst und .... Liebe entziehe: durch Urteile, Erwartungen weil ich............................ verändern will und folgende „Fehler" in ihm/ihr sehe. (Zähle Deine Urteile und Erwartungen auf, sowie die Verhaltensweisen, die Dich bei ihm/ihr stören oder verärgern.)

3.9 Ich erkenne nun, dass ich mich immer dann ärgere, wenn jemand in mir die Teile anspricht, die ich verleugnet, negiert und unterdrückt und anschließend auf den anderen projiziert habe.

Bereit:	Offen:	Skeptisch:	Nicht bereit:

3.10 .... steht stellvertretend für das, was ich in mir selbst lieben und akzeptieren muss.

Bereit:	Offen:	Skeptisch:	Nicht bereit:

3.11 .... spiegelt meine unzutreffende Selbstwahrnehmung wider. Wenn ich .... vergebe, heile ich mich selbst und erschaffe meine Wirklichkeit neu.

Bereit:	Offen:	Skeptisch:	Nicht bereit:

3.12 Ich erkenne jetzt, dass nichts, was .... oder eine andere Person getan hat, falsch oder richtig ist. Ich lasse alle Urteile fallen.

Bereit:	Offen:	Skeptisch:	Nicht bereit:

3.13 Ich lasse das Bedürfnis los, im Recht zu sein und .... zu beschuldigen. ich bin jetzt bereit, die Vollkommenheit in dieser Situation zu sehen.

Bereit:	Offen:	Skeptisch:	Nicht bereit:

www.tipping-methode.de

3: Die Geschichte auseinander nehmen

3.14 Obwohl ich es vielleicht noch nicht verstehen kann, erkenne ich nun, dass wir beide genau das bekommen, was wir unbewusst gesucht haben, um unseren heilenden Tanz mit- und füreinander zu tanzen.

Bereit:	Offen:	Skeptisch:	Nicht bereit:

3.15 Ich danke dir, ..., dafür, dass Du bereit bist, eine Rolle bei meiner Heilung zu spielen, und erkenne an, dass ich bereit bin, eine Rolle bei Deiner Heilung zu spielen.

Bereit:	Offen:	Skeptisch:	Nicht bereit:

3.16 Ich entlasse alle Gefühle (wie unter 1.2b) aus meinem Bewusstsein.

3.17 Ich danke dir, ..., für Deine Bereitschaft, meine unzutreffenden Wahrnehmungen widerzuspiegeln, und dafür, dass Du mir die Gelegenheit gibst, radikal zu vergeben und mich selbst zu akzeptieren.

Bereit:	Offen:	Skeptisch:	Nicht bereit:

Raum für zusätzliche Bemerkungen

4: Der Geschichte ...

4.18 Ich erkenne, dass meine Erfahrung (meine Opfergeschichte) meine ungeheilte Wahrnehmung der Situation aus der weltlichen Perspektive widerspiegelt. Ich verstehe jetzt, dass ich diese „Realität" verändern kann, indem ich bereit bin, die Vollkommenheit in dieser Situation zu sehen. Zum Beispiel ...
(Versuche hier, aus der Perspektive der Radikalen Vergebung die Situation neu zu formulieren. Dies kann in einem einfachen Satz geschehen, der andeutet, dass Du jetzt anerkennst, dass alles so vollkommen ist. Du kannst aber auch spezifisch auf die Situation eingehen und beschreiben, worin das Geschenk besteht.)

4: Der Geschichte einen neuen Rahmen geben

4.19 Ich, ... vergebe mir selbst vollständig und akzeptiere mich als eine liebevolle, großzügige und kreative Person. Ich lasse mein Festhalten an allen einschränkenden und Gedanken in Bezug auf die Vergangenheit los. Ich ziehe meine Energie aus der Vergangenheit ab und hebe alle Beschränkungen gegen die Liebe und die Fülle in mir auf. Ich erschaffe mein Leben und kann wieder ganz ich selbst zu sein, mich selbst bedingungslos lieben, so wie ich bin – mit all meinen großartigen und wundervollen Fähigkeiten.

4.20 Ich gebe mich nun ganz der höheren Macht hin, die ich als .... sehe. Ich vertraue dem Wissen, dass diese Situation sich weiterhin in Vollkommenheit und in Einklang mit der göttlichen Führung und der spirituellen Gesetzmäßigkeiten entfalten wird. Ich erkenne meine Einheit mit allem und fühle mich vollkommen mit der Quelle meines Seins verbunden. Meine wahre Natur, die Liebe, ist wiederhergestellt, und ich stelle nun die Liebe für .... wieder her. Ich schließe meine Augen, und fühle die Liebe, die in meinem Leben fließt, und die Freude, die aufkommt, wenn ich dies Liebe fühle und ausdrücke.

5: Den Wandel integrieren

5.21 Eine Notiz für Dich, ... Nun, da ich dieses Arbeitsblatt ausgefüllt habe, möchte ich Dir Folgendes mitteilen:

Ich vergebe Dir, ..., vollständig, da ich nun sehe, dass Du nichts falsch gemacht hast, und alles in göttlicher Ordnung ist. Ich akzeptiere Dich daher bedingungslos so, wie Du bist, und liebe Dich. (Anmerkung: Das heißt jedoch nicht, dass Du das Verhalten billigen musst. Sich abzugrenzen kann in der „Welt des Menschlichen" sinnvoll oder notwendig sein.)

5.22 Notiz für mich selbst:

Ich erkenne an, dass ich ein spirituelles Wesen bin, das eine menschliche Erfahrung macht, und ich liebe und unterstütze mich in allen Aspekten meiner menschlichen Existenz.

Nach dem Buch von Colin Tipping: „Ich vergebe – der radikale Abschied vom Opferdasein"
Informationen und kostenlose Downloads: www.tipping-methode.de

2/2014

Zum Autor

Colin Tipping ist preisgekrönter Autor, Lehrer, international tätiger Redner und die anerkannte Autorität in der Anwendung von Radikaler Vergebung, Selbstvergebung und Manifestation. Seine Methode hilft Menschen in aller Welt dabei, in Frieden zu kommen, sich selbst vollständig anzunehmen und kraftvoll die eigenen Träume zu verwirklichen.

Sein preisgekröntes Buch zur Radikalen Vergebung erscheint neben der englischen und deutschen Fassung auch auf Holländisch, Französisch, Italienisch, Spanisch, Polnisch, Russisch, Tschechisch, Finnisch, Japanisch und Chinesisch.

www.colintipping.com

Die Tipping-Methode in Deutschland,
Österreich und der Schweiz:

Die AKADEMIE FÜR TRANSFORMATION vertritt seit 2005 Methode und Arbeit von Colin Tipping im deutschsprachigen Raum, veranstaltet Vorträge und Seminare und bildet exklusiv zum Coach der Tipping-Methode aus.

Auf der Website finden Sie aktuelle Termine, kostenlose Downloads der Arbeitsblätter, Videos, viele weitee Informationen und eine Liste der Tipping-Coaches.

AKADEMIE FÜR TRANSFORMATION
Hessenstraße 21, 35410 Hungen, (06402) 51 92 03
www.tipping-methode.de

Zum Buch

Erschaffen Sie sich ein Leben voller Zufriedenheit und Fülle. In diesem Buch zeigt Colin Tipping, wie wir genau die Zukunft erschaffen können, die wir uns aus tiefstem Herzen wünschen. Eine Zukunft, die unserer wahren Bestimmung entspricht, in der wir allem, von dem wir normalerweise nur zu träumen wagen, wie auf wundersame Weise Gestalt verleihen. Das Besondere an diesem Ansatz liegt darin, NICHT das Unterbewusstsein neu zu programmieren oder umzuformen. Hier geht es vielmehr darum, sich ein neuartiges Paradigma zu eigen zu machen, bei dem vergangene Dinge oder Überzeugungen keine Rolle mehr spielen.

Sicherheit durch Prüfbescheinigungen

Jetzt diesen Titel zusätzlich als E-Book downloaden und 70 % sparen!

Als Käufer dieses Buchtitels haben Sie Anspruch auf ein besonderes Kombi-Angebot: Sie können den Titel zusätzlich zum Ihnen vorliegenden gedruckten Exemplar für nur 30 % des Normalpreises als E-Book beziehen.

Der BESONDERE VORTEIL: Im E-Book recherchieren Sie in Sekundenschnelle die gewünschten Themen und Textpassagen. Denn die E-Book-Variante ist mit einer komfortablen Volltextsuche ausgestattet!

Deshalb: Zögern Sie nicht. Laden Sie sich am besten gleich Ihre persönliche E-Book-Ausgabe dieses Titels herunter.

In 3 einfachen Schritten zum E-Book:

❶ Rufen Sie die Website **www.beuth.de/e-book** auf.

❷ Geben Sie hier Ihren persönlichen, nur einmal verwendbaren E-Book-Code ein:

30402D3D0D5BFCF

❸ Klicken Sie das „Download-Feld“ an und gehen dann weiter zum Warenkorb. Führen Sie den normalen Bestellprozess aus.

Hinweis: Der E-Book-Code wurde individuell für Sie als Erwerber dieses Buches erzeugt und darf nicht an Dritte weitergegeben werden. Mit Zurückziehung dieses Buches wird auch der damit verbundene E-Book-Code für den Download ungültig.